Actual Editora
Conjuntura Actual Editora, S. A.

Missão
Editar livros no domínio da Gestão e da Economia e tornar-se uma editora de referência nestas áreas. Ser reconhecida pela sua qualidade técnica, **actualidade** e relevância de conteúdos, imagem e *design* inovador.

Visão
Apostar na facilidade e compreensão de conceitos e ideias que contribuam para informar e formar estudantes, professores, gestores e todos os interessados, para que, através do seu contributo, participem na melhoria da sociedade e da gestão das empresas em Portugal e nos países de língua oficial portuguesa.

Estímulos
Encontrar novas edições interessantes e **actuais** para as necessidades e expectativas dos leitores das áreas de Economia e de Gestão. Investir na qualidade das traduções técnicas. Adequar o preço às necessidades do mercado. Oferecer um *design* de excelência e contemporâneo. Apresentar uma leitura fácil através de uma paginação estudada. Facilitar o acesso ao livro, por intermédio de vendas especiais, *website*, *marketing*, etc.
Transformar um livro técnico num produto atractivo. Produzir um livro acessível e que, pelas suas características, seja **actual** e inovador no mercado.

Alterações climáticas

Qual é a sua estratégia?

Actual Editora
Conjuntura Actual Editora, S. A.
Rua Luciano Cordeiro, 123 - 1º Esq.
1069-157 Lisboa
Portugal

TEL: (+351) 21 319 02 40
FAX: (+351) 21 319 02 49

Website: www.actualeditora.com

A member of BPR
www.businesspublishersroundtable.com

Título original: *Climate Change: What's Your Business Strategy?*

Autores: Andrew J. Hoffman e John G. Woody
Edição original publicada por Harvard Business School Publishing Corporation
Publicado segundo contrato com Harvard Business School Press

Edição Actual Editora – Janeiro de 2010

Tradução: Marta Pereira da Silva
Revisão: Vera César
Design da capa: Brill Design UK
Paginação: Guide – Artes Gráficas
Gráfica: Guide – Artes Gráficas

Depósito legal: 304662/10

Biblioteca Nacional de Portugal - Catalogação na Publicação
HOFFMAN, Andrew J., e outro

Alterações climáticas: qual é a sua estratégia? (Conceitos actuais; 9)
ISBN: 978-989-8101-74-7

CDU 005
502

Saiba como tirar partido da mudança e posicione o seu negócio à frente da concorrência

Alterações climáticas

Qual é a sua estratégia?

Andrew J. Hoffman e John G. Woody

ACTUAL EDITORA

www.actualeditora.com
Lisboa – Portugal

ÍNDICE

SÍNTESE PARA EXECUTIVOS

Como membro do público em geral, o leitor dificilmente conseguirá abrir o jornal, ver as notícias ou ir ao cinema sem encontrar alguma referência àquela que se tornou a questão ambiental mais evidente da década: as alterações climáticas. Mas como executivo de uma empresa, tem de ir além do debate público e reflectir sobre como irão afectar os negócios da sua empresa. De facto, não deveria considerar as alterações climáticas uma questão ambiental, mas sim pensar nelas como uma transição de mercado. Os sistemas de controlo da emissão de gases com efeito de estufa irão afectar o preço da energia e os produtos, serviços e sectores que dependem dessa energia. Por outras palavras, irão afectar praticamente todos os sectores da economia a vários níveis. Alguns ficarão em desvantagem, mas outros irão conquistar vantagens. Como em qualquer transição de mercado, haverá vencedores e vencidos. Perante esta realidade emergente, são várias as perguntas que se lhe colocam: "Que acções relacionadas com o clima são prudentes para a minha empresa? Existem oportunidades na incerteza desta transição de mercado? O que vêem os meus concorrentes?"

O que uns consideram "obstáculos", outros encaram como oportunidades em novos mercados mundiais de carbono, capital, tecnologias avançadas e produtos e serviços que emitem menores quantidades de gases com efeito de estufa (GEE). Todos os executivos têm uma obrigação a nível fiduciário e de gestão de avaliar a estratégia do seu negócio para determinar se essas oportunidades existem ou não. Por fim, precisa de analisar cuidadosamente como é que a sua empresa será afectada por um preço de mercado para o carbono no presente, no futuro próximo e a longo prazo; e precisa de decidir como posicioná-la de modo a obter toda a vantagem desses desenvolvimentos.

Este pequeno livro dá-lhe uma visão global dessa avaliação estratégica, fornecendo-lhe as estruturas e o conhecimento necessários para lidar eficazmente com a questão das alterações climáticas e para se familiarizar com a multiplicidade de temas que a rodeiam. Como seus autores, possuímos um forte *background* na análise da intersecção entre a estratégia empresarial e as questões ambientais. Um de nós (Hoffman) é um professor universitário premiado, que escreveu seis livros e mais de 50 artigos ao longo de mais de 20 anos de investigação. O outro (Woody) tem trabalhado extensivamente com as maiores empresas dos EUA, apresentadas na lista anual *Fortune 500*, dando-lhes conselhos sobre políticas e estratégias relacionadas com questões climáticas, e actualmente trabalha no desenvolvimento e financiamento de projectos de energia renovável. Procurámos produzir aqui uma descrição sucinta concebida para o ajudar a compreender três etapas essenciais para se preparar e para lucrar com a questão das alterações climáticas e que oferece uma ampla variedade de exemplos sobre como outras empresas – suas concorrentes – o estão a fazer.

A etapa mais básica é compreender o seu nível de exposição a esta questão. Qual é a pegada de carbono da sua empresa e como irão potenciais alterações no domínio da legislação e do mercado influenciar o posicionamento dos seus produtos e serviços? Esta é uma etapa que todas as empresas deveriam percorrer agora. A etapa seguinte é agir de forma a reduzir essa pegada de carbono e procurar maneiras de encontrar vantagens estratégicas nessas acções. A etapa mais avançada diz respeito à conquista de um "lugar à mesa" do desenvolvimento de políticas. As políticas que regulam as emissões de GEE irão estabelecer as regras do jogo e alterar o cenário competitivo. Contudo, para conquistar um lugar à mesa necessita primeiro de agir de forma credível e desenvolver um nível de experiência igualmente credível para influenciar a situação. Portanto, a verdade inevitável é que, para conquistar esse lugar, tem de começar a agir imediatamente. O objectivo principal do desenvolvimento de uma estratégia para as questões do clima é ter uma medida de controlo sobre o seu futuro ambiente de negócios.

Numa tentativa de manter esta descrição o mais sucinta possível, limitámos a utilização de referências que pudessem constituir uma distracção do texto. Assim, as citações directas são referidas nas notas finais. A informação estatística foi recolhida de materiais e relatórios que estão listados no final numa secção designada "Referências Seleccionadas" e que, quando adequado, são referidos no texto.

IMPLICAÇÕES DAS ALTERAÇÕES CLIMÁTICAS PARA OS NEGÓCIOS

Não deve considerar as alterações climáticas uma questão ambiental, mas sim uma questão de mercado. De facto pode permanecer completamente ignorante sobre a ciência das alterações climáticas e mesmo assim reconhecer a sua importância enquanto tema empresarial. Estão a ser desenvolvidas regulamentações que alteram o preço do carbono em todos os níveis das economias locais e globais e avizinham-se ainda mais regulamentações. Estas novas regras irão afectar o preço e a disponibilidade da energia, criando um "efeito dominó" ao longo de toda a cadeia de valor. Reflicta um pouco sobre a situação: vivemos numa economia que se baseia nos combustíveis fósseis. Qualquer alteração no seu custo – tanto como uma fonte de energia como matéria-prima – irá mudar os aspectos económicos dos negócios de quase todos os sectores da economia. Um relatório recente da McKinsey & Company ("A Cost Curve for Greenhouse Gas Reduction"*) comparou o impacto das regulamentações dos gases com efeito de estufa ao impacto causado pela crise do petróleo dos anos de 1970 na indústria de *utilities***. De acordo com o mesmo relatório, as regulamentações irão alterar elementos fundamentais da estratégia empresarial, incluindo "os aspectos económicos da produção, a competitividade dos custos, as decisões de investimento e o valor de diferentes tipos de activos".[1] Como serão afectadas as suas operações? Como serão afectadas as suas relações com os fornecedores, a aquisição de matérias-primas, os custos de expedição e transporte e

* **N. T.** "Uma Curva de Custos para a Redução de Gases com Efeito de Estufa".

** **N. T.** Empresas de fornecimento de serviços básicos, nomeadamente água e electricidade.

o preço final dos seus bens e serviços? Se não conseguir responder a estas perguntas, então não está preparado para o que está para vir ou, em muitos locais, para o que já é uma realidade. O momento de agir é agora.

Tem de separar a sua perspicácia para os negócios dos seus sentimentos sobre o assunto (positivos e negativos) e encarar as alterações climáticas como uma transição de mercado, na forma de *riscos sistémicos*, que afectam toda a economia, e de riscos *regulamentares*, *legais*, *físicos* e *de reputação*, que atingem níveis específicos do sector, da indústria e da empresa. Os sinais desta transição de mercado já se estão a tornar evidentes. Estão a surgir regulamentações por todo o mundo.

- **Internacional.** Em 2004, o Presidente Vladimir Putin promulgou legislação que estabeleceu a Rússia como o 126.º país a ratificar o Tratado de Quioto para controlar a emissão de GEE com o apoio da Convenção-Quadro das Nações Unidas sobre Alterações Climáticas (CQNUAC). Isto permitiu que se ultrapassasse a barreira que impossibilitava que o Tratado entrasse em vigor, o que acabou por acontecer no início de 2005. Os Estados Unidos são o único país pertencente ao Anexo I a não ratificar. O Protocolo de Quioto estipula que os países industrializados reduzam as suas emissões de gases com efeito de estufa em 5,2 por cento abaixo dos níveis de 1990 durante o período de conformidade entre 2008 e 2012. Estas restrições de emissões são específicas para cada país e diferem entre eles: por exemplo, a Alemanha tem de reduzir as suas emissões em oito por cento abaixo dos níveis de 1990, enquanto a Noruega tem direito a um aumento de um por cento. Embora não se espere que muitos países (como por exemplo o Japão) atinjam os seus objectivos de redução, já se estão a realizar discussões sobre os próximos passos para o período pós-2012. Em 2007, representantes dos países que formam o G8, juntamente com os maiores países em desenvolvimento, reuniram-se em Washington e concordaram com a necessidade de todos os países adoptarem objectivos de redução de GEE; e a 13.ª reunião anual da CQNUAC concentrou-se em dar passos no sentido de iniciar o processo para o estabelecimento de um plano para o período pós-Quioto, que se iniciará quando o Tratado expirar, e de mitigar os efeitos das alterações climáticas que já estão a ocorrer.

- **A União Europeia.** O Comércio Europeu de Licenças de Emissão (CELE) é o esforço internacional mais intensivo para reduzir as emissões de GEE. E embora os Planos Nacionais de Atribuição de Licenças de Emissão (PNALE) para o período entre 2005 e 2007 fossem exagerados, provocando uma redução dos preços do carbono para até 0,39 dólares por tonelada no início de 2007, os PNALE para o período 2008-2012 parecem ser bastante rigorosos; os futuros de carbono para este período têm um preço de mercado relativamente mais elevado, de 20 a 40 dólares por tonelada.

- **O Reino Unido.** O Reino Unido instituiu igualmente um comércio de emissões que se concentra em emissões fora do âmbito do CELE. Em Março de 2007, o governo britânico, liderado pelo Partido Trabalhista, propôs os seus próprios limites obrigatórios sobre emissões de GEE. Embora o Partido dos Verdes tenha feito pressão para uma meta de redução extremamente agressiva de 90 por cento até 2050, a proposta estipula uma redução de 32 por cento de GEE até 2020 e de 60 por cento até 2050, fundamentando-se numa base de referência de 1990.

- **Os Estados Unidos da América.** Apesar de os EUA não terem ratificado o Tratado de Quioto, muito está a acontecer noutros níveis da economia norte-americana. Desde Dezembro de 2007, mais de 740 *mayors*, representando acima de 60 milhões de norte-americanos, já assinaram o U.S. Mayors Climate Protection

Agreement*, incitando o "Congresso norte-americano a aprovar legislação, apoiada por ambos os partidos, relativa à redução de GEE e que 1) inclui prazos e limites de emissões bem definidos e 2) um sistema flexível, baseado no mercado, de licenças de emissão transaccionáveis entre indústrias emissoras".[2] Quarenta e sete estados possuem algum tipo de políticas relativas ao clima: inventários de emissões, regulamentações que obrigam empresas de geração de electricidade a fazê-lo recorrendo cada vez mais a energias alternativas**, registos de emissão de gases com efeito estufa*** ou sistemas obrigatórios de limitação e comércio de emissões**** (os programas de limitação e comércio de emissões estabelecem um limite geral para emissões e permitem que fontes de emissões com opções de cumprimento menos dispendiosas possam vender os seus créditos de emissões a entidades que têm mais dificuldade em efectuar reduções de emissões nas suas instalações). No Nordeste, a Regional Greenhouse Gas Initiative (RGGI) criou uma estratégia de redução que abrange dez estados norte-americanos e o Distrito de Columbia. Na Costa Ocidental, o California Air Resources Board (CARB) foi autorizado a desenvolver regras obrigatórias para o relato de emissões, de acordo com o Assembly Bill***** 32 (AB 32). A nível federal, o Supremo Tribunal dos EUA autorizou a Environmental Protection Agency (EPA) a regular o dióxido de carbono (CO_2) de acordo com o Clean Air Act****** em 2007. Nesse mesmo ano, o Presidente Bush incitou os grandes países emissores a juntarem-se aos EUA no desenvolvimento de uma estrutura

---

* **N. T.** Acordo dos *Mayors* dos EUA sobre Protecção do Clima.

** **N. T.** No original, *renewable portfolio standards.*

*** **N. T.** Nos EUA, existem organizações sem fins lucrativos que fornecem informações sobre a redução de emissões de gases com efeito de estufa, que ajudam as empresas a calcular, a verificar e a relatar as suas pegadas de carbono num único registo unificado.

**** **N. T.** No original, *cap-and-trade systems.*

***** **N. T.** Projecto de lei de uma assembleia legislativa.

****** **N. T.** Lei norte-americana relativa à poluição atmosférica.

internacional no âmbito da CQNUAC, para reduzirem as emissões após terminar o período de vigência do Protocolo de Quioto. Estipulou que tal ocorresse em finais de 2008, o que coincide com o final do seu mandato. Desde Setembro de 2007, mais de cem projectos de lei relacionados com o clima foram levados ao Congresso para votação.

- **China e Índia.** Em Julho de 2007, a China ultrapassou os Estados Unidos como o maior emissor de GEE, seis meses antes do previsto pela Agência Internacional de Energia (AIE). Se a China e a Índia não participarem nas reduções de GEE, o progresso será limitado. Perante este facto, o World Business Council on Sustainable Development (WBCSD), o U.S. Climate Action Partnership (USCAP – um consórcio de empresas líderes, onde se incluem a DuPont, a Alcoa, a BP America, a GE, a PG&E, etc.) e outras organizações estão a exigir abordagens que criem incentivos e encorajem acções por parte de grandes economias emissoras no mundo em desenvolvimento. E parece que estes grandes emissores estão a iniciar o debate; quando os países do G8 concordaram com a necessidade de todos adoptarem metas de redução de GEE, a Índia e a China eram dois dos participantes, assinalando uma disposição controlada para integrar as negociações internacionais para uma estrutura pós-2012. Representantes da Global Roundtable on Climate Change (GROCC – um grupo de 85 empresas multinacionais) prevêem que, passado o período de vigência do Protocolo de Quioto, a China e a Índia irão concordar em aceitar metas de redução de GEE.

Desenvolvimentos como estes estão a encorajar mercados financeiros, investidores e accionistas a começar a considerar a questão das alterações climáticas relevante para as suas decisões sobre activos financeiros. Algumas das principais seguradoras (e resseguradoras) já expressaram uma preocupação crescente relativamente à sua vulnerabilidade aos riscos físicos, financeiros e de exposição provocados pelas alterações climáticas. Os mercados de consumo estão a começar a efectuar uma transição, à medida que as vendas de tecnologias eficientes a nível energético, como edifícios, automóveis e electrodomésticos, aumentam. E todas estas alterações estão a conduzir a uma questão determinante de saber se as preocupações com o clima alteram as responsabilidades fiduciárias dos CEO, especialmente em relação à "materialidade", de acordo com a Lei Sarbanes-Oxley.* Conforme salienta a Conference Board**: "As empresas que ignorarem o debate sobre as questões climáticas fá-lo-ão por sua conta e risco."[3]

No entanto, em qualquer transição de mercado é importante não esquecer que existem oportunidades e riscos e que há vencedores e vencidos. Agora não é altura para se preparar para o pior; o que precisa de fazer, assim como a sua equipa de gestão, é uma análise cuidadosa do posicionamento da sua empresa relativamente às alterações climáticas em comparação com a sua concorrência e criar uma estratégia para procurar oportunidades à medida que vão surgindo. Determinados sectores, empresas e indústrias sentirão um impacto maior do que outros. As implicações de se lidar com as alterações climáticas não são uniformes e não terão um peso igual para todos.

Por exemplo, indústrias como a do fornecimento de electricidade, do aço, do alumínio, do petróleo ou do gás e os sectores automóveis enfrentam mais riscos do que outros. As empresas de *utilities* estão preocupadas com o impacto que a regulamentação relativa às alterações climáticas terá no valor dos seus activos de produção de energia

---

* **N. T.** Lei norte-americana de 2002 que veio estabelecer as condutas a seguir pelas empresas cotadas em bolsa e que surgiu no seguimento de vários escândalos empresariais e contabilísticos, nomeadamente com a Enron e a Worldcom.

** **N. T.** Organização global sem fins lucrativos da área dos negócios que realiza conferências, reuniões e investigação sobre gestão de empresas.

existentes e futuros. Uma vez que a nova capacidade de geração pode ter um tempo de vida esperado de 50 ou 60 anos, as *utilities* são particularmente sensíveis à incerteza que rodeia as futuras políticas relativas ao clima, uma vez que implicam investimentos estratégicos. Da mesma forma, empresas em indústrias altamente intensivas a nível de energia, como a fundição de alumínio e outros processos de fabrico, preocupam-se com a actual disponibilidade de fontes de energia fidedignas, de baixo custo e de longo prazo. As empresas petrolíferas deparam-se com as suas operações e, mais importante ainda, com os seus produtos directamente no centro do debate sobre o clima; por exemplo, em 2005 as operações da Shell foram responsáveis por 3,6 por cento das emissões globais de CO_2 por queima de combustíveis fósseis. E as empresas do ramo automóvel encontram-se sob maior pressão do que a maioria das indústrias devido às emissões de gás com efeito de estufa criadas pelos seus produtos.

Mas, mais uma vez, o peso não é igual para todos. Nem todas as empresas de uma indústria enfrentam o mesmo contexto concorrencial com o mesmo conjunto de activos. Um relatório de Doug Cogan da Ceres*, por exemplo, considera que as empresas norte-americanas no global estão menos preparadas do que as suas congéneres europeias e asiáticas para lidar eficazmente com as implicações estratégicas da questão, sendo o motivo apontado a diferença na ratificação do Protocolo de Quioto. Jeffrey Immelt da GE reconhece que a sua empresa teve de desenvolver o seu negócio de energia eólica na União Europeia (UE) devido à inexistência de um preço para o carbono nos EUA. Além disso, as empresas japonesas aguardam um maior apoio do governo para prosseguirem os seus investimentos em tecnologias com baixa produção de carbono.

---

* **N. T.** Rede norte-americana de investidores, organizações ambientalistas e outros grupos de interesse público que trabalha com empresas e investidores para ultrapassar desafios ligados à sustentabilidade, como é o caso das alterações climáticas.

Onde existem incertezas económicas, existem possíveis oportunidades de negócio. Algumas empresas irão verificar que o seu posicionamento estratégico melhora relativamente aos seus concorrentes se desenvolverem a estratégia correcta perante esta transição de mercado. As regulamentações que estabelecem um preço para o carbono irão aumentar a procura por fontes de energia com baixa produção de carbono, nomeadamente gás natural, eólica, biocombustíveis, gás de aterro e solar – que, por sua vez, irão criar oportunidades para empresas de construção e de engenharia construírem instalações para a geração deste tipo de energia. As regulamentações irão também criar vantagens para as empresas fabricantes de automóveis que desenvolvem conhecimento especializado em tecnologias avançadas híbridas, eléctricas, a gasóleo e eficientes a nível de combustível. As regulamentações que impuseram um maior uso de biocombustíveis tiveram, em alguns casos, um efeito positivo no rendimento agrícola, o que poderá conduzir a uma maior procura de equipamento para esse sector.

Considere qual será o impacto de um preço do carbono nos mercados de electrodomésticos. Mais especificamente, considere aquela máquina supereficiente de lavar roupa na qual "tem estado de olho". Custa sensivelmente mais 500 dólares do que o modelo de referência que se encontra exposto mesmo ao lado. Deverá comprá-la? Neste momento, com a poupança de água e de electricidade que obterá com a nova máquina, recuperará a diferença paga em 4,8 anos se viver no Midwest dos EUA. Se morar na Califórnia, irá fazê-lo em 1,2 anos. Quando as regulamentações relativas às alterações climáticas aumentarem o preço da energia, esses períodos de recuperação irão diminuir e a taxa de rendibilidade do investimento irá ser maior. E empresas como a Whirlpool esperam que isso resulte num aumento de vendas.

Alguns factos científicos que precisa de saber

A sua empresa tem oportunidades semelhantes à sua espera? Antes de reflectir sobre esta questão, tem de conhecer alguns factos científicos de referência.

O que é que está a ser controlado? Existem dez GEE principais. Destes, seis estão sujeitos a um controlo de acordo com o Protocolo de Quioto. Três ocorrem quer naturalmente quer através de intervenção humana: dióxido de carbono (CO_2), metano (CH_4) e óxido nitroso (N_2O); três não acontecem naturalmente: hidrofluorocarbonetos (HFC), perfluorocarbonetos (PFC) e hexafluoreto de enxofre (SF_6). Todos os GEE têm um potencial de aquecimento global (PAG), uma medida do impacto que determinado gás tem no *forçamento radiativo*; ou seja, o calor/energia adicional que é retido na atmosfera terrestre através da presença desse gás. O PAG de um gás descreve o seu efeito nas alterações climáticas em relação a uma quantidade semelhante de CO_2. Portanto, o equivalente de dióxido de carbono (CO_2e) torna-se um padrão universal de medição com o qual se pode avaliar o impacto de se libertar (ou de se evitar a libertação de) diferentes GEE. Como a unidade de base, o CO_2 possui um PAG de 1; outros PAG vão desde 23 do CH_4 a 23 900 do SF_6.

Quanto será controlado? O Painel Intergovernamental sobre as Alterações Climáticas (PIAC) determinou que precisamos de manter entre 450 e 550 partes por milhão (ppm) de CO_2e na atmosfera para "evitar uma interferência antropogénica perigosa no nosso sistema climático".[4] Temos actualmente uma concentração atmosférica de 430 ppm e estamos a libertar sete mil milhões de toneladas de CO_2 por ano através da queima de combustíveis fósseis. Isto significa que estamos a aumentar a concentração global em seis ppm por ano simplesmente pela utilização de combustíveis fósseis, não incluindo os outros, mais potentes, GEE. O consenso científico é que o clima se irá alterar acentuadamente se atingirmos o dobro das concentrações anteriores à Revolução Industrial, alcançando 560 ppm; e estima-se que o nosso nível actual de emissões duplique dentro dos próximos 50 anos. No global, para haver uma estabilização na amplitude desejada será necessário que as emissões anuais se reduzam mais de 80 por cento abaixo dos níveis actuais. Esta é uma descoberta importante, pois a meta desejada determina a severidade dos sistemas de controlo considerados necessários para a atingirmos.

Duas perguntas frequentes – e por que motivo são as erradas

Estes são assuntos graves e que colocam questões determinantes para os negócios. Contudo, duas perguntas feitas com frequência abordam o assunto da forma errada.

Quanto é que irá custar? Não tenha dúvidas: está muito em jogo. O relatório da consultora McKinsey & Company, mencionado anteriormente, conclui que os custos anuais, por todo o mundo, de reduzir as emissões de GEE para 450 ppm poderão situar-se entre 0,6 e 1,4 por cento do produto interno bruto (PIB) previsto em 2030. Da mesma forma, um relatório elaborado por Nicholas Stern, antigo economista-chefe do Banco Mundial (o Relatório Stern), coloca com mais certeza o número próximo de um por cento do PIB global por ano para se atingir entre 500 e 550 ppm (446 mil milhões de dólares, com base em números de 2005). Mas o relatório refere ainda que, se nada fizermos, "os custos e riscos globais das alterações climáticas serão equivalentes a perder-se pelo menos cinco por cento do PIB global todos os anos.

Se for considerada uma base mais alargada de riscos e impactos, as estimativas de danos poderão aumentar para 20 por cento ou mais do PIB." Resumindo, os benefícios económicos (diminuição da poluição, da variação do tempo, da procura de energia, da erosão da costa, da transmissão de doenças infecciosas e de rendimentos da agricultura previstos de forma errada, apenas para enumerar alguns) de uma tomada de acção precoce para limitar os GEE superam em muito os custos.

A Iniciativa de Mitigação do Carbono da Universidade de Princeton identificou a existência de 15 estratégias tecnológicas para se alcançar as reduções pretendidas pelo PIAC. Estas vão desde o aumento da eficiência do combustível para todos os automóveis previstos para 2055, de 50 para cem quilómetros por galão*, à produção da quantidade actual de electricidade com base em carvão a nível mundial com o dobro da eficiência, à aplicação da captura e sequestro de carbono a 800 grandes (mil megawatts) centrais eléctricas a carvão, até à redução de emissões em todos os edifícios novos e existentes em 25 por cento. Quanto é que isto irá custar? O relatório da McKinsey & Company identifica algumas iniciativas para resolver o assunto e que trariam benefícios económicos líquidos positivos, incluindo o isolamento melhorado dos edifícios; a eficiência ao nível de combustível nos veículos; e o aperfeiçoamento dos sistemas de iluminação, de ar condicionado e de aquecimento de água. As vantagens financeiras de outras iniciativas para lidar com o assunto dependem da resposta dos mercados.

Um relatório do World Resources Institute (WRI) analisou uma grande variedade de previsões económicas sobre a mitigação das alterações climáticas e descobriu que 80 por cento da variação nos modelos económicos é provocada por sete posições-chave. Algumas destas posições dependem da acção empresarial, nomeadamente do desen-

---

* **N. T.** Um galão equivale a 3,785 litros.

volvimento de formas competitivas de energia alternativa ou a utilização alargada de combustíveis com baixo teor de carbono, como o gás natural. Outras dependem dos legisladores e da derradeira forma das regulamentações finais, como o desenvolvimento do comércio internacional de créditos de emissão ou a redução de impostos por parte do governo para estimular investimentos em tecnologias com baixo nível de emissões. Por fim, algumas posições dependem dos consumidores, como a resposta eficiente da economia a preços mais elevados da energia e se as pessoas irão conduzir menos ou baixar os termóstatos caso os custos da energia aumentem. Em resumo, as implicações para o mercado dos sistemas de controlo do clima ainda são muito incertas, mas essa incerteza cria oportunidades para aqueles que agirem.

Além disso, em muitos casos essa incerteza está a ser substituída por transparência do mercado. Por exemplo, um dos mercados com crescimento mais rápido é o da construção "verde". A maior conferência dos EUA sobre construção "verde", a Greenbuild, tem vindo a testemunhar um aumento contínuo de participantes que reflecte a sua importância crescente: de 4189 (com 220 expositores) em 2002 para 21 mil (com 751 expositores) em 2007. O que costumava ser uma conferência de pequenas empresas que ofereciam casas à base de palha e de barro está agora repleta de grandes empresas como a Siemens, a GE, a Turner, a Trane e a Skanska. Todas estas empresas são atraídas por rendibilidades do mercado. Enquanto a construção de casas unifamiliares começou a diminuir 14,7 por cento e as vendas de madeira e outros materiais de construção caíram 12 por cento em Dezembro de 2006 relativamente ao mesmo mês no ano anterior, os fabricantes de produtos de construção "verde" relataram um aumento nas vendas. A construção "verde" fornece um dos exemplos mais notórios de como os mercados estão a efectuar uma transição em relação à energia e às alterações climáticas. Para alguns, exemplos como estes conduzem a uma segunda questão: Compensa ser "verde"?

Compensa ser "verde"? Embora esta seja uma questão colocada com frequência, de facto não faz grande sentido. É como perguntar: "Compensa ser inovador?" É óbvio que a resposta a uma pergunta destas depende inteiramente de quem a faz, como a faz e quando a faz. A pergunta certa é se existe uma oportunidade económica para a sua empresa ser "verde" em comparação com a sua concorrência; a seguir tem de se interrogar como e quando essa oportunidade se pode concretizar. Para algumas empresas é prudente ser a primeira a agir, procurando inovar durante o caminho a percorrer na busca e na criação de oportunidades proporcionadas pelas alterações climáticas. Para outras, poderá fazer sentido ser um seguidor rápido, procurando tirar vantagem dos mercados em alteração quando se tem uma maior clarividência sobre como se irão materializar. Para outras ainda, poderá fazer mais sentido ir atrás dos outros e agir quando a maioria o fizer. E, finalmente, há algumas empresas para as quais não existe uma estratégia viável a nível climático.

Aquelas que escolhem ser as primeiras a agir enfrentam os desafios da liderança. Tal como qualquer inovação, uma acção em resposta às alterações climáticas será muitas vezes recebida com cepticismo, tanto em círculos ambientais como de negócios. Os primeiros poderão acusar essas empresas de estarem a praticar *greenwashing**, enquanto os segundos poderão troçar delas apelidando-as de "capitalistas de Quioto" ou "cartel do carbono". Por exemplo, quando as empresas fundadoras do USCAP anunciaram o seu pedido de estabelecimento de padrões federais para as emissões de GEE no início de 2007, um editorial do *Wall Street Journal* acusou estes "dez alegres gigantes verdes" de pretenderem um programa regulador "elaborado para recompensar financeiramente empresas que reduzam as emissões de CO_2 e punir aquelas que não o façam".[5] Que disparate! Parem as máquinas de impressão! Colocadas perante a inevitabilidade da regulamentação, as

* **N. T.** Quando as empresas proclamam ter práticas amigas do ambiente mas isso não passa de um esquema de *marketing*, não sendo verdade.

empresas estão a fazer lóbi em Washington por normas que favoreçam o seu posicionamento estratégico! Críticas a esta estratégia parecem um pouco estranhas, principalmente quando surgem de dentro de círculos de negócios. Que analisem o horizonte empresarial em busca de oportunidades para proteger activos e melhorar os lucros é precisamente o que se espera das empresas: os seus accionistas não exigem menos. Uma vez que a regulamentação faz parte do seu ambiente de negócios, qualquer empresa que consiga prever oportunidades de negócio no Clean Air Act, no Clean Water Act*, no Protocolo de Montreal ou nas alterações climáticas está a praticar o que se espera dos seus gestores – capitalismo.

E outras estão a começar a compreender. Em 2007, juntaram-se mais 19 empresas às nove originais do USCAP e ao seu pedido de uma legislação nacional obrigatória para a redução das emissões de GEE. Em Fevereiro desse ano, a GROCC requereu aos governos de todo o mundo que reduzissem as emissões de GEE "colocando um preço de mercado nas emissões de carbono que seja razoavelmente consistente em todo o mundo".[6] Ainda em Fevereiro, o Edison Electric Institute (EEI), um grupo que representa 60 por cento da produção de electricidade norte-americana e que há muito se opunha a acções relativamente às alterações climáticas, alterou a sua posição e apoiou acções federais nos Estados Unidos. Em Março de 2007, um grupo de investidores que representavam um valor de mais de quatro biliões de dólares em capital de investimento, incluindo fundos geridos pelo Merrill Lynch, o California Public Employees Retirement System (CalPERS), a Allianz e a Calvert, solicitou a Washington que acabasse com a incerteza do investimento estabelecendo "cortes alargados e sensatos de longo prazo nas emissões de carbono norte-americanas".[7]

* **N. T.** Lei norte-americana relativa à poluição da água.

Está a ver a ideia. O empenhamento do mundo dos negócios neste tema está a aumentar, à medida que se está a tornar evidente a inevitabilidade desta transição de mercado e as oportunidades que cria. À medida que mais empresas exigem mudanças, destacam-se três questões como temas comuns entre elas. Estes temas constituem a base da lógica por detrás desta transição de mercado. Primeiro, são necessários padrões obrigatórios para *abrandar*, *parar* e *finalmente reverter* o aumento das emissões de GEE de uma forma determinada e eficaz. Segundo, o horizonte temporal para agir tem de ter metas a curto, médio e longo prazo. Terceiro, são necessários mecanismos baseados no mercado para incitar o tipo de acção e de inovação necessárias para lidar com a questão. Em resumo, tem de haver um *preço de mercado para o carbono* para se enviar um sinal à economia para que encoraje a inovação tecnológica, ao mesmo tempo que permite ao mercado escolher os vencedores.

Como se está a tornar evidente para muitos nos círculos empresariais e políticos, o preço de mercado está a chegar. O desafio que se apresenta está a deslocar-se do hipotético para o prático. Tem de agir hoje para se preparar para a transição de mercado que este "sinal preço"* está a criar. A próxima secção deste pequeno livro irá oferecer-lhe três etapas que poderá percorrer para essa preparação. A diferença entre elas representa a dimensão para a qual se deseja preparar e, se possível, liderar esta transição de mercado.

---

* **N. T.** Mensagem enviada ao consumidor na forma de um preço cobrado por uma mercadoria e que geralmente se pretende que produza um determinado resultado. Por exemplo, aumentar o preço da energia durante períodos de escassez é um "sinal preço" para os consumidores reduzirem o consumo de energia durante esses períodos.

CRIE A SUA ESTRATÉGIA PARA AS ALTERAÇÕES CLIMÁTICAS

Mesmo as empresas que estão muito avançadas na questão das alterações climáticas reconhecem que poderiam estar ainda mais. Descobriram que demora tempo a medir as suas emissões de GEE, a criar mecanismos internos para lidar com elas, a criar sinergias entre unidades de negócio, a educar a força de trabalho e a interligar-se com governos e outros. Ocupa uma grande parte do tempo de concepção e introdução de um produto identificar todos os projectos de GEE disponíveis, dar prioridade aos que irão proporcionar uma maior rendibilidade económica e financiá-los até estarem concluídos com sucesso. Portanto, a pergunta estratégica resume-se a: "Com que agressividade deve procurar estratégias para as alterações climáticas?" A resposta a esta questão tem de reflectir a sua estratégia de negócios global e o contexto de mercado em que concorre. O desafio é lidar com o assunto sem se adiantar muito relativamente ao resto da sua comunidade de negócios. Num relatório de Andrew Hoffman publicado pelo Pew Center on Global Climate Change*, David Bresch, director do Atmospheric Perils Group** da resseguradora Swiss Re, afirmou: "Deve manter-se sempre um passo à frente da concorrência. Mas se estiver dois passos à frente, perde a multidão de vista. O ideal é ser o líder do grupo e puxarem todos na mesma direcção."[8]

---

* **N. T.** Esta organização norte-americana sem fins lucrativos efectua análises e relatórios sobre questões importantes relacionadas com o clima e o aquecimento global.

** **N. T.** Grupo para os Perigos Atmosféricos.

Em resumo, os impactos a nível de legislação e de mercado das alterações climáticas ainda se estão a evidenciar. E embora seja prudente um certo nível de resposta, seria pouco sensato uma única empresa avançar com iniciativas que não produzam benefícios estratégicos e financeiros agora ou no futuro. No entanto, não quer ficar atrás dos seus concorrentes nesta questão e ceder-lhes as suas oportunidades de negócio. Pode pensar na sua estratégia para as alterações climáticas como uma série de etapas divididas por vários níveis, com algumas acções a serem necessárias agora e outras a reflectirem a dimensão com que a sua empresa se procura relacionar estrategicamente com o tema. O *timing* da sua estratégia está directamente relacionado com a dimensão a que se pretende envolver. Quanto mais avançada for a etapa, mais urgente é o *timing*.

- **Etapa 1: conhecer a sua exposição ao carbono.** No mínimo, *todas* as empresas devem conhecer a sua exposição à questão das alterações climáticas. Deve avaliar a sua pegada de carbono e o impacto da respectiva transição de mercado nos seus produtos e serviços. Esta é uma estratégia necessária para todas as empresas neste momento.

- **Etapa 2: agir no sentido de reduzir a sua pegada de carbono e avaliar as oportunidades de negócio.** Após ter desenvolvido claramente uma avaliação da sua pegada, tem de decidir se pretende agir no sentido de a reduzir através de uma acção estratégica concertada. Além disso, tem de definir se pretende tentar conquistar oportunidades de crescimento rentáveis em produtos e serviços com baixo teor de carbono. Se ambiciona desenvolver uma estratégia eficaz, a melhor altura é agora.

- **Etapa 3: influenciar o processo de desenvolvimento de políticas.** Assim que tiver desenvolvido uma estratégia eficaz para as alterações climáticas, pode passar para a etapa mais avançada e procurar influenciar o debate sobre as regras do jogo. Isto significa conquistar um lugar à mesa do desenvolvimento de políticas e ajudar a estabelecer as regras de uma forma que reflicta os seus interesses. Contudo, para fazer parte do grupo que decide as políticas, a sua empresa tem já de ter agido de forma credível sobre o assunto. Não pode simplesmente ocupar um lugar por estar interessada. Se pretende influenciar o processo de desenvolvimento de políticas, a melhor altura para agir está a passar rapidamente.

Etapa 1: conhecer a sua exposição ao carbono

Todas as empresas deviam analisar o seu perfil de emissões de GEE ao longo da cadeia de valor. Esta é uma análise fundamental para prever a vulnerabilidade da sua empresa às regulamentações sobre as alterações climáticas e às transições de mercado que daí resultam. Algumas empresas poderão sentir apenas ligeiros impactos com as limitações de carbono; outras poderão sentir que ficam em grande desvantagem; e outras ainda poderão considerar que as limitações de carbono oferecem oportunidades. Não faça suposições. A sua análise poderá conduzir a resultados surpreendentes. A fabricante de sapatos Timberland ficou surpreendida ao descobrir que o maior impacto dos seus produtos a nível de carbono não provinha do transporte dos seus materiais e do produto final (como era esperado), mas do fabrico das suas matérias-primas. Por outras palavras, o maior impacto dos seus produtos a nível de carbono surgia mesmo antes do fabrico dos sapatos. A questão é que não pode saber que impacto irá sofrer o seu modelo de negócios sem (a) identificar as fontes, tipos e magnitude das emissões de GEE produzidas pela sua empresa; (b) avaliar a vulnerabilidade das suas linhas de negócios às limitações a essas emissões; (c) saber se seria comprador ou vendedor em mercados de carbono; e (d) comparar a sua vulnerabilidade à dos seus pares na indústria.

Crie um inventário de emissões

Um inventário de emissões é uma primeira etapa essencial na avaliação da sua pegada de carbono. Requer uma decisão sobre o que medir, como o fazer, como guardar e analisar a informação depois de recolhida e de seguida onde a registar para verificação externa.

O que é medido é gerido. Para o primeiro desafio que é determinar o que medir, o World Resources Institute (WRI) e o World Business Council on Sustainable Development (WBCSD) desenvolveram em conjunto um Greenhouse Gas Protocol Corporate Accounting and Reporting Standard*, que se tornou o protocolo mais utilizado para quantificar as emissões. Classifica as emissões em três categorias:

- **Universo 1:** emissões directas.

- **Universo 2:** emissões indirectas provenientes da utilização de electricidade, calor ou vapor adquiridos.

- **Universo 3:** outras emissões indirectas de fontes anteriores e posteriores à actividade da empresa.

As emissões directas surgem de fontes que são propriedade da empresa e são as que está a comunicar; geralmente incluem emissões libertadas por processos de produção efectuados na empresa, queima directa de combustíveis fósseis em caldeiras e fornalhas e geração de

* **N. T.** Documento que explica às empresas como quantificar e comunicar as suas emissões de GEE.

energia efectuada na própria empresa. As emissões indirectas provêm de energia adquirida, emissões provocadas pela utilização dos produtos da empresa, transporte de material, viagens de negócios e deslocações.

Outra área a partir da qual se pode avaliar a pegada é o sequestro biológico e geológico de carbono. O primeiro consiste em plantar árvores para armazenarem carbono; o segundo em injectar CO_2 no subsolo, uma prática comum em muitas empresas petrolíferas para aumentar o rendimento dos poços.

Para compreender a totalidade da sua exposição às regulamentações sobre as alterações climáticas, deverá efectuar uma auditoria completa às emissões que inclua as directas e as indirectas. No entanto, à medida que são criados por todo o mundo sistemas de comércio de emissões, pode verificar que diferem relativamente a que emissões serão contabilizadas. A Fase 1 do CELE, por exemplo, abrange 11 500 instalações em sectores principais (aproximadamente 46 por cento das emissões de CO_2 da UE) e mede apenas emissões provenientes de combustão directa. Por outro lado, as empresas registadas na Chicago Climate Exchange (CCX), que é voluntária, medem a sua pegada como sendo toda a combustão directa das suas operações, juntamente com as emissões indirectas provenientes da electricidade, do calor e do vapor que adquirem. Outras fontes, como viagens de negócios, não entram nos cálculos da sua pegada.

Ferramentas e técnicas de medição das emissões. Embora determinar que emissões medir possa parecer uma tarefa intimidante, o processo de medição em si pode intimidar ainda mais. Algumas empresas medem de facto as emissões, enquanto outras fazem uma estimativa utilizando cálculos com base em combustível (apoiando-se em metodologias como as criadas pela WRI/WBCSC, o CELE, o Departamento de Energia norte-americano (DOE), a CCX e outros). Estas metodologias utilizam a energia (BTU ou British Termal Unit*) do combustível consumido multiplicado pela sua intensidade de carbono (libras** de CO_2 emitidas por milhão de BTU). A decisão de medir verdadeiramente as emissões ou estimá-las depende, em parte, da complexidade da tarefa. Empresas com muitas fontes de emissões ou com ambientes extremamente hostis a nível de emanação de fumos da chaminé (que degradam o equipamento nelas existente) preferem evitar as medições feitas no local, devido ao custo de comprar, instalar, manter e substituir a monitorização em contínuo de emissões (MCE). Pelo contrário, algumas empresas consideram os desafios burocráticos de recolher e organizar os recibos de combustível para obter uma estimativa de emissões de CO_2 a partir do seu consumo de combustível verdadeiramente esmagadores. Não existe uma resposta simples.

Sistemas de gestão de dados. Após a recolha da informação, o desafio que se segue é armazená-la e analisá-la. A maioria das empresas desenvolveu novos sistemas de informação para monitorizar emissões de GEE em curso. Isto pode ser bastante complexo, mas permite gerir uma tarefa difícil. A Alcoa, por exemplo, desenvolveu um eficaz sistema centralizado que inclui informação detalhada sobre o processo e o consumo de energia para 41 instalações por todo o mundo, incluindo quatro instalações de geração de energia, nove refinarias de alumínio e 26 fundições. O sistema utiliza a metodologia CELE para calcular emissões e limpa as bases de dados diariamente, ao final do dia, para descarregar informação sobre o processo e a produção. Em cada fábrica há colaboradores responsáveis por introduzir manualmente os dados sobre o consumo de energia todos os meses e são criados automaticamente lembretes para garantir que a informação de todas as fábricas está disponível o mais rápido possível no final de cada mês. Essa informação é reunida para análise pela sede e pelas diferentes instalações.

---

* **N. T.** Equivale aproximadamente entre 1054 e 1060 joules.

** **N. T.** Cada libra equivale a 453,6 gramas.

Mas o sistema da Alcoa não é a norma. Muitas empresas continuam à procura de ferramentas de gestão de dados que recolham eficaz e eficientemente informação sobre emissões em instalações de todo o mundo e ligam-na a sistemas integrados de avaliação do desempenho, como o SAP, permitindo-lhes relacionar as reduções de emissões com indicadores financeiros. Mesmo empresas que têm muita experiência na monitorização de emissões acreditam haver espaço para melhorias. De facto, esta é uma oportunidade de negócio perfeita para empresas que desenvolvam estes sistemas especializados.

Registe as suas emissões. Finalmente, para se posicionar com o objectivo de obter reconhecimento pelas suas acções na redução das suas emissões, precisa de estabelecer um *benchmark* possível de ser verificado, registando as suas reduções através de uma variedade de mecanismos, como o sistema de comunicação 1605(b) da Agência de Informação de Energia (EIA) norte-americana, o programa Climate Leaders da EPA, o Registo de GEE do Fórum Económico Mundial, a Climate Registry*, a California Climate Action Registry (CCAR) e a CCX. Pode ser algo confuso decidir qual o melhor sistema, pois existe pouca padronização nestes programas. (A Climate Registry deu início a um esforço que envolve vários estados norte-americanos para se padronizar os procedimentos de registo de GEE, a fim de medir, monitorizar, verificar e comunicar publicamente as emissões.) Mas o aspecto importante é que as suas emissões sejam verificadas *em algum lado*. Embora existam várias opções para registar as emissões, muitas têm características semelhantes, incluindo a verificação por uma terceira parte. Faz sentido envolver-se num registo que seja geograficamente próximo das suas operações principais, mas o mais importante é que comece a assimilar o processo de monitorização e verificação de

* **N. T.** Organização sem fins lucrativos que estabelece padrões para se calcular, verificar e comunicar publicamente emissões de gases com efeito de estufa num único registo.

emissões para registo. Independentemente do mecanismo utilizado, o registo das emissões da empresa é uma etapa determinante para os que estão a começar a adoptá-lo.

Riscos e oportunidades de avaliação para linhas de produtos, de serviços e operações

As emissões, por si só, não revelam a exposição da sua empresa aos condicionalismos provocados pelo carbono. Tem igualmente de considerar potenciais impactos sobre linhas de produtos e serviços. Até que ponto serão afectadas as suas operações e as suas vendas – tanto de forma negativa como positiva – por factores relacionados com as alterações climáticas que atribuem um valor às suas emissões de carbono? E, consequentemente, de que forma irão esses factores alterar o seu posicionamento perante a concorrência? As empresas geralmente começam esta avaliação focalizando-se na gestão do risco e na protecção dos lucros. Irá a economia de determinadas instalações de menor qualidade entrar numa zona de prejuízo? Irão os preços de determinados produtos aumentar para lá de um limite que permita que se obtenham margens razoáveis? Poderão estes efeitos ser atenuados com a procura de maiores eficiências dos processos e alterações dos produtos?

Embora a gestão do risco possa ser um ponto de partida para se lidar com as vulnerabilidades relacionadas com o clima, com o passar do tempo e conseguida maior experiência as empresas deverão alterar as suas estratégias relativas ao clima de forma a destacar oportunidades de negócios e melhorias das receitas. De facto, a mera presença de risco proveniente de operações, produtos e serviços com grande intensidade de GEE indica um enorme potencial de oportunidades de negócio com base em eficiência ao nível de GEE. O Goldman Sachs desenvolveu um modelo que inclui três formas de adicionar valor à estratégia de negócio através de iniciativas ligadas às alterações climáticas: protecção da reputação, melhoria do posicionamento em relação à concorrência e desenvolvimento de novos produtos. Tem de avaliar se e como a procura pelas suas linhas de produtos e serviços actuais e futuros poderá aumentar como consequência de desenvolvimentos relacionados com o clima. As estratégias mais eficazes relativas ao clima aliam as reduções de GEE à estratégia de negócios de base da sua empresa. No fim de contas, a questão da vulnerabilidade ao nível de carbono é uma avaliação de como um preço do carbono altera os aspectos económicos dos seus modelos de negócio e afecta os modelos dos seus concorrentes.

Conheça o seu preço para o carbono

Um elemento determinante para compreender a sua exposição às regulamentações sobre o clima é um reconhecimento da forma que essas regulamentações irão assumir. É necessária uma reflexão sobre muitas grandes questões para se decidir as regras finais do jogo. Embora muitos economistas defendam um imposto sobre o carbono, a realidade política é que a comunidade empresarial encara o comércio de emissões como a forma mais realista, eficaz e eficiente de trazer acção a todas as indústrias para se lidar com as alterações climáticas. Isto permite que as políticas sobre o clima sejam instituídas de uma forma que diminua os custos globais para a economia ao estabelecer-se um "sinal preço" para o CO_2 que irá, por sua vez, produzir inovação em novas tecnologias. E, dado esse resultado provável, irá precisar de saber se será comprador ou vendedor de carbono. Para isso, tem de ter uma ideia clara do que lhe irá custar reduzir uma tonelada de carbono dos seus processos.

A Cinergy (agora fundida com a Duke Energy), por exemplo, calculou que o custo médio por tonelada de redução de CO_2e era de 8,28 dólares em 2004 e de 12,49 em 2005.[9] Estes valores são menores do que o intervalo entre 15 e 40 dólares das licenças de emissão observadas no CELE entre 2005 e 2006, bem acima do preço de 0,39 dólares nos inícios de 2007 e mais elevados do que os valores médios entre dois e quatro dólares por tonelada verificados na voluntária CCX. Estão mais próximos do nível da válvula de segurança de sete dólares por tonelada proposta num dos projectos de lei sobre limitação e comércio de emissões apresentado no Congresso norte-americano. Munida desta informação, a sua empresa estará numa melhor posição para avaliar a sua situação nos mercados de carbono, dependendo de como o mercado se desenvolve.

Saiba o quanto está exposto em comparação com a concorrência

A questão da exposição a uma transição de mercado resume-se a como esta afecta o seu posicionamento no mercado perante a concorrência. Os aumentos de custos com que se deve preocupar mais são aqueles que terá de suportar mas a sua concorrência não. Idealmente, consegue encontrar uma diminuição de custos enquanto a concorrência enfrenta um aumento. Portanto, tem de efectuar um *benchmark* da sua empresa relativamente à concorrência quanto ao desempenho relacionado com o clima. Regra geral, a maioria das empresas efectua um *benchmark* relativamente às outras da mesma indústria, mas muitas identificam também empresas extraordinariamente visíveis que foram premiadas pelas suas actividades relacionadas com o clima. Os objectivos das actividades de *benchmarking* são identificar as melhores práticas para lidar com as alterações climáticas, assim como gerir a reputação e o estatuto na indústria sobre essa questão. Efectuar o *benchmarking* pode ajudar a proteger a sua empresa de ser identificada como retardatária; uma empresa que seja rotulada como uma executante lenta poderá ser susceptível a críticas dispendiosas na imprensa ou por parte de organizações não governamentais (ONG). Mais importante, o *benchmarking* pode ajudá-lo a colher os benefícios de se destacar como líder – garantir a vantagem de "ser o primeiro a agir" para lidar com as alterações climáticas pode criar oportunidades e conferir reconhecimento (por exemplo através de *rankings* da *BusinessWeek*, do *Financial Times*, da Ceres e de outros) que podem trazer maiores benefícios ao ter influência nos debates políticos.

Por vezes, estas tentativas de se mostrar superior podem parecer uma corrida ao armamento. Por exemplo, parece haver uma competição entre as instituições financeiras para se tornarem as mais "verdes" do sector. Em 2005, o Goldman Sachs foi um dos primeiros bancos de investimento a lançar uma estrutura de políticas ambientais que mencionava especificamente as suas orientações ao nível do crédito. As políticas referiam investimentos em energias alternativas e renováveis e a criação de mercados mais eficientes para produtos e serviços ambientais e prometiam analisar o risco ambiental e oportunidades de negócio associadas.[10] Não querendo ficar para trás, em Março de 2007 o Bank of America anunciou um novo programa que envolvia atribuir 20 mil milhões de dólares em fundos durante dez anos para financiar construções "verdes" e tecnologias eficientes a nível energético, apoiar empresas no comércio de créditos de emissões de carbono e fornecer serviços financeiros e de aconselhamento a empresas que desenvolvessem produtos amigos do ambiente.[11] Pouco depois, o Citigroup anunciou que iria direccionar 50 mil milhões de dólares durante os dez anos seguintes para se lidar com as alterações climáticas através de investimento, financiamento e actividades relacionadas que apoiavam a comercialização de energias alternativas e tecnologias limpas pelos seus clientes e nos seus mercados, assim como nos seus próprios negócios e operações.[12] E finalmente, em Agosto de 2007, o Morgan Stanley anunciou um plano de investimento de três mil milhões de dólares em iniciativas relacionadas com reduções da emissão de GEE durante os cinco anos seguintes. Comprometeu-se a reduzir até 2012 as emissões de GEE entre sete e dez por cento abaixo dos níveis de 2006, através de eficiência energética e de novos edifícios "verdes", e tenciona tornar-se neutro a nível de carbono até 2008.[13]

Etapa 2: agir no sentido de reduzir a sua pegada de carbono e avaliar oportunidades de negócio

Após desenvolver um perfil no que diz respeito às emissões, tem de decidir se deve agir no sentido de as reduzir. Se possui divisões numa região do mundo onde já existem sistemas de controlo de carbono, esta decisão foi tomada por si. Se as suas operações se encontram em regiões onde esses sistemas não existem, poderá querer tirar partido deste breve "vácuo" para agir imediatamente, à sua própria velocidade, em vez de esperar por regulamentação quc o force a agir dentro de um calendário que lhe é imposto. Para agir no sentido de reduzir a sua pegada de carbono e determinar que linhas de negócios poderão ser criadas ou reconfiguradas para tirar partido de novas oportunidades, terá de envolver a sua organização. Esta transição requer liderança, funções departamentais, objectivos e estratégias novos; que se consiga o envolvimento dos colaboradores; que se utilize o comércio de carbono de forma estratégica; e parcerias com ONG, entre outros.

Envolva a liderança

Apoio e envolvimento ao mais alto nível são os componentes mais importantes de qualquer estratégia de sucesso para as alterações climáticas. Os líderes ao mais alto nível podem incluir o CEO, gestores seniores e o conselho de administração. Sem este nível de apoio, nenhuma iniciativa terá sucesso. Nas empresas bem sucedidas relativamente a alterações climáticas, os gestores referem que o papel interno do CEO foi determinante para esse sucesso. Este apoio começa, como é óbvio, com o estabelecimento da direcção e da visão para a empresa. Mas pode ir mais longe. Alguns CEO foram porta-vozes com grande visibilidade em audiências com o governo e na imprensa. Outros envolveram-se pessoalmente nos aspectos organizacionais e operacionais para se conquistar os objectivos e metas. Paul O'Neill, antigo CEO da Alcoa, desafiou os seus engenheiros a encontrar uma solução para se reduzir o número de efeitos anódicos* nas operações, reduzindo assim a utilização de energia. Ao verificar que as unidades de negócio da DuPont estavam relutantes em esforçar-se ao máximo para atingir a primeira série de objectivos de redução de GEE, o CEO Chad Holliday envolveu-se pessoalmente para salientar que o fracasso era inaceitável. Determinar o nível apropriado de envolvimento para si e para a sua gestão sénior depende do seu estilo de negócios, mas tem de se envolver.

Apresente os motivos. A tarefa mais importante da liderança de topo é estabelecer o sentido de urgência, lidando com o assunto através da apresentação dos motivos por que isso é de extrema importância para o futuro da empresa. A apresentação pode ser estruturada em torno de "fazer o que está certo", mas tem de ter uma argumentação empresarial evidente na sua essência. Finalmente, estratégias sustentáveis relativas ao clima não podem ser um acrescento feito aos modelos de negócios existentes e ser independentes da estratégia competitiva global da empresa. Têm de fazer parte dos objectivos centrais da mesma, utilizando termos e indicadores de negócio existentes (como valor actual líquido, rendibilidade do investimento ou rendibilidade do capital próprio) através de objectivos como melhorar as eficiências dos processos, o rendimento operacional, a gestão da cadeia de abastecimento, a

* **N. T.** Relativo ao ânodo, eléctrodo pelo qual a corrente entra e os electrões saem de um sistema (área da Física).

gestão de activos, a quota de mercado, o moral e a cultura internos ou a reputação externa e o *marketing*.

A maioria das empresas cita as poupanças de custos de programas de eficiência energética como a prova de benefícios financeiros no futuro próximo. Por exemplo, a Calpine estima que poupou 25,8 milhões de dólares durante um período de dez meses em 2005 ao implementar o seu Plant Optimization Program*. A Alcoa identificou um potencial de cerca de 80 milhões de dólares de poupanças anuais a partir de melhorias de eficiência energética e alcançou até agora poupanças anuais superiores a 20 milhões de dólares. A DuPont afirma que atingiu uns estimados dois mil milhões de dólares em poupanças desde o lançamento do seu programa de eficiência energética em 1990.[14] Dada a recente escalada dos preços da energia, é provável que exemplos semelhantes se tornem comuns. A Ontario Power Generation, um dos maiores geradores de electricidade da América do Norte, conseguiu ultrapassar o seu objectivo de reduzir as emissões para níveis de 1990 em 2000 ao diminuir a utilização da sua própria energia em mais de dois mil gigawatts (GW) por hora; reduziu as emissões de GEE em cerca de 2,5 milhões de toneladas por ano – e poupou 90 milhões de dólares em custos de energia no decorrer do processo.

As empresas também se baseiam em métodos menos quantificáveis para justificar as suas estratégias relativas ao clima. Um é uma crença generalizada entre a liderança de topo de que estas estratégias vão acrescentar valor no futuro. Algumas empresas acreditam que estar na frente nesta questão proporciona benefícios estratégicos, como um posicionamento competitivo superior e a capacidade de identificar novas oportunidades de mercado. Para outras, elevar a curva de aprendizagem permite-lhes fazer os investimentos mais apropriados

---

* **N. T.** Plano de Optimização da Fábrica.

e preparar-se para se adaptarem com sucesso a futuras regulamentações.

Por fim, planear o cenário ajudou algumas empresas a apresentar motivos para agir relativamente às alterações climáticas. A Shell, que é das que tem maior experiência nesta área, utiliza o planeamento de cenários como uma estrutura estratégica para reflectir sobre os desafios, identificar riscos e oportunidades, tomar decisões de investimento, desenvolver uma linguagem estratégica comum para as equipas de liderança e para se envolver em matérias-chave de ordem pública. No seu documento "Global Scenarios to 2025"*, a empresa apresenta uma visão sobre como forças de todo o mundo poderão moldar os mercados ao longo das próximas duas décadas e chega à conclusão de que as empresas irão acabar por ter de lidar com um preço para o carbono.[15] Para a Shell, esta conclusão justifica os esforços para aumentar a produção de gás natural (especialmente GNL**) e os investimentos em energia eólica, solar, biocombustíveis, gaseificação de carvão e sistemas experimentais de distribuição de hidrogénio, embora continue a trabalhar para que o seu negócio principal – combustíveis fósseis – tenha sucesso num mundo com restrições a nível de carbono. Algumas empresas irão basear esses cenários em ferramentas de ciência da decisão que ajudam a incluir informação incerta e qualitativa em modelos quantitativos.

Coloque colaboradores de alto nível a trabalhar no tema

De acordo com a experiência, assim que as questões do clima estiverem na agenda convém desenvolver novos cargos que se concentrem em estratégias relativas ao clima.

* **N. T.** "Cenários Globais para 2025".

** **N. T.** Gás Natural Liquefeito.

Novos cargos. Investigação efectuada pela Hill & Knowlton concluiu que 82 por cento dos líderes de topo da área da tecnologia de todo o mundo "monitorizam de perto" as notícias sobre o aquecimento global, enquanto apenas 35 por cento possuem uma estratégia concreta ao nível de energia para enfrentar esse problema. O estudo descobriu que mais de três quartos dos inquiridos que tomam decisões de negócios (77 por cento) acreditam que é necessário criar-se um novo cargo de director para a energia* que administre, implemente e avalie a rendibilidade do investimento da empresa em matéria de tecnologia ambiental, a chamada "Rendibilidade do Ambiente".[16] Em 2007, novos cargos, como "director para a sustentabilidade", começaram a ter grande popularidade nos organogramas. Algumas empresas até apelidaram novos cargos de "czar do carbono". Isto demonstra o quanto as alterações climáticas e a energia são importantes para o futuro sucesso financeiro da empresa.

Equipas interfuncionais. Avançando para lá dos cargos individuais, muitas empresas líderes criaram equipas para lidar com o tema do clima. Algumas organizam comissões no âmbito do conselho de administração com responsabilidade explícita de supervisionar as iniciativas relacionadas com as alterações climáticas e monitorizar o progresso na implementação das estratégias. Outras concentram-se mais no nível operacional. Tendo em conta o âmbito das alterações climáticas, estas equipas são mais eficazes quando são diversificadas em termos de representação geográfica e de funções. Algumas empresas decidem atribuir a estas equipas um montante especial de capital para identificarem e financiarem projectos relacionados com o clima. E algumas incluem representação externa, frequentemente de importantes ONG.

Equipas de eficiência energética. Muitas empresas desenvolveram grupos que procuram explicitamente oportunidades de eficiência energética

---

* **N. T.** No original, *Chief Energy Officer (CNO).*

por todo o mundo. Tendo entre os seus membros especialistas técnicos provenientes do interior e do exterior da empresa, estes grupos formam equipas conforme a solicitação de gestores de unidades e efectuam auditorias para recomendar alterações operacionais, de equipamento e de comportamento (a decisão da sua implementação é geralmente deixada para os gestores no local). Também identificam, documentam e difundem informação ao resto da empresa sobre as melhores práticas de energia bem sucedidas observadas em determinadas fábricas.

Estabeleça objectivos e metas

Algumas empresas estabelecem objectivos e depois procuram uma forma de os atingir. Algumas ponderam sobre as suas opções de redução de emissões e depois estabelecem objectivos de acordo com elas. A ordem exacta depende do seu próprio estilo de gestão. Contudo, no âmbito da meta que estabelecer tem de fazer duas considerações: até que ponto pretende ser agressivo nos seus objectivos; e que tipos de objectivos irão proporcionar a resposta mais eficaz e eficiente da sua empresa para conquistar as suas metas, mitigar os custos ao máximo e reduzir as emissões?

As empresas assumiram uma alargada variedade de compromissos para reduzirem as emissões de GEE, cujas especificidades diferem em aspectos como o calendário, os objectivos, o ano de partida, metas absolutas *versus* indexadas e tipos de emissões abrangidas. Por exemplo, a Catalyst Paper estabeleceu o objectivo extremamente agressivo de reduzir as emissões de GEE em 70 por cento abaixo dos níveis de 1990 em 2010. O objectivo da DuPont de reduzir as emissões de GEE em 40 por cento abaixo dos níveis de 1990 no ano 2000 foi estabelecido em 1994 e atingido em 1999, e revisto para um novo objectivo de 65 por cento abaixo dos níveis de 1990 em 2010. O objectivo da Whirlpool, estabelecido em 2003, determina a redução das emissões totais de GEE da produção global, da utilização dos produtos e sua eliminação em 2008 em três por cento relativamente a 1998, pretendendo simultaneamente aumentar as vendas em 40 por cento. A Weyerhaeuser assumiu o compromisso de reduzir as suas emissões em 40 por cento dos níveis de 2000 em 2020, através de uma maior utilização de combustíveis renováveis nos seus processos de produção.

Como pode verificar, a criação de uma meta relativa ao clima não é um esforço de "tamanho único". A chave para reduções de GEE bem sucedidas que promovam a inovação é alargar o que considera ser possível para incentivar a criatividade a nível interno. Craig Heinrich, líder da equipa de energia global para a divisão Titanium Technologies da DuPont, afirmou: "Precisa da tensão de um objectivo extremamente desafiante. Os objectivos inspiradores exigem que uma organização aja para lá das fronteiras convencionais. (...) Um objectivo acessível não desafia o potencial criativo da organização."[17]

Ajuste a meta à empresa. Contudo, nem todas as metas precisam de se basear rigorosamente em reduções de GEE. Têm de ser estruturadas da forma que melhor mobilize a força de trabalho no sentido de as alcançar. Muitas empresas estabelecem objectivos de eficiência energética em vez de os relacionarem com as alterações climáticas, pois consideram que esses objectivos são mais fáceis de monitorizar, de medir e de converter em lucro. Outras comprometem-se a aumentar a quota de renováveis nas suas aquisições de energia, opção muito semelhante às regulamentações que obrigam empresas de geração de electricidade a fazê-lo recorrendo cada vez mais a energias alternativas. Por exemplo, a Swiss Re comprometeu-se a aumentar a utilização de energias renováveis de 14 por cento em 2005 para 50 por cento em 2007. Outras empresas utilizam um conjunto de metas. A Wal-Mart planeia investir anualmente cerca de 500 milhões de dólares em tecnologias e inovações, onde se incluem: reduzir os GEE em 20 por cento nas lojas existentes até 2012; conceber e implementar um protótipo viável de loja que seja 25 a 30 por cento mais eficiente e que produza até 30 por cento menos de emissões de GEE até 2009; procurar que cem por cento da sua energia provenha de fontes renováveis; aumentar a eficiência da sua frota em 25 por cento até 2008 e em cem por cento até 2015; e partilhar todas as aprendizagens em tecnologia com o mundo, incluindo os seus concorrentes.

A DuPont estabeleceu quatro metas, todas a apontar para 2015: (1) duplicar o investimento em programas de investigação e desenvolvimento (I&D) com benefícios ambientais directos e quantificáveis para os seus clientes e consumidores ao longo da sua cadeia de valor; (2) aumentar as receitas anuais em pelo menos dois mil milhões de dólares a nível de produtos que criem eficiências energéticas e/ou reduções significativas de emissões de GEE para os seus clientes; (3) duplicar a receita anual de oito mil milhões de dólares em recursos renováveis; e (4) introduzir pelo menos mil novos produtos e serviços de segurança. A chave é fazer com que a meta esteja de acordo com o contexto. Que metas irão mobilizar a sua força de trabalho para atingir – e superar – os seus objectivos? No final, poderá ser que um objectivo de pura redução de GEE seja o mais eficaz a motivar os seus colaboradores. A Office Depot descobriu que instalar equipamento eficiente a nível energético – embora estivesse simultaneamente a aumentar o seu espaço de loja nos Estados Unidos em 160 mil metros quadrados – a ajudou a alcançar num ano uma redução de dez por cento das emissões de GEE.

Meça internamente as emissões absolutas e indexadas, *mas* anuncie ao exterior as reduções das emissões absolutas. As emissões de GEE podem ser comunicadas de várias formas. Para obter uma noção clara da exposição da sua empresa a uma possível legislação relativa às alterações climáticas, são necessárias medidas absolutas.

Contudo, para analisar o desempenho relativamente a outros objectivos económicos ou de produção, ou a *benchmarks* da concorrência, as emissões podem ser normalizadas de acordo com outro indicador, como o montante de receitas ou unidades de produção.

Um ponto importante a não esquecer é que a validade externa das acções relativas ao clima implica a comunicação de uma medida absoluta de redução de emissões. Embora as empresas em mercados em crescimento possam preferir indicadores indexados (e empresas com vendas em declínio apreciem indicadores absolutos), falta aos indicadores indexados credibilidade perante a comunidade científica, ONG e o governo. Não dizem nada sobre se a sua empresa está a reduzir emissões no global, que é o principal objectivo das acções relativas ao clima. De facto, com um crescimento económico razoável e uma modesta meta indexada, as suas emissões indexadas provavelmente iriam diminuir enquanto as suas emissões globais poderiam aumentar. Numa proposta de 2007, a Comissão Norte-Americana para a Política Energética (NCEP) recomendou uma meta nacional baseada em reduções da emissão absoluta, em vez da sua recomendação anterior de um objectivo indexado. Portanto, seria sensato posicionar-se com medidas de emissão absoluta como o padrão de comunicação externa da sua empresa.

Contudo, empresas com muita experiência também aconselham que se evite criar uma meta universal interna de redução para toda a empresa. Sugerem que é melhor desenvolver um conjunto de várias metas em diferentes unidades de negócio que contribuam todas para o objectivo empresarial global. Muitas empresas utilizam uma combinação de indicadores absolutos e indexados, comunicando externamente uma meta absoluta, mas moldando as medidas internas de emissões conforme for apropriado a determinadas unidades e regiões que apresentam uma comunicação. Outras preferem dar flexibilidade a unidades de negócio individuais para utilizarem indicadores indexados para comunicar internamente. Esta abordagem é especialmente popular em unidades que têm oportunidades de crescimento significativas. A DuPont, por exemplo, espera que a produção da sua divisão Titanium Technologies duplique os níveis de 1990 até 2010. Uma vez que a energia representa uma percentagem significativa do preço de venda do dióxido de titânio (TiO_2), esse crescimento coloca um desafio significativo a que se atinja os objectivos a nível de alterações climáticas e de eficiência energética da empresa. Foi atribuído à divisão o objectivo de aumentar a utilização de energia em apenas 40 por cento. Consequentemente, irá esperar-se que outras divisões façam cortes maiores.

No final, embora surjam tendências globais que emergem da análise das metas de outras relativas ao clima, é essencial que ajuste a sua meta à sua empresa específica. As empresas têm perfis de crescimento e ideias diferentes dentro da cada uma para a atribuição de metas de redução de emissões. Os objectivos devem desafiar a sua empresa e estimular a inovação, o aumento de produtividade e a poupança de custos.

Escolha estratégias para atingir esses objectivos

Como é que irá atingir as suas metas relativas às alterações climáticas assim que estiverem estabelecidas? A resposta a esta pergunta pode ser encontrada numa variedade de áreas, das mais simples às mais complexas.

Estratégias fáceis de executar sem grande esforço. Muitas empresas encontraram uma grande variedade de soluções de baixo custo, de baixo risco e facilmente identificáveis para reduzirem os seus perfis de emissões. Isto acontece especialmente em empresas que não procuraram activamente reduções no passado. Essas "estratégias fáceis de executar sem grande esforço" podem incluir simples iniciativas de eficiência energética, alterações de comportamento ou melhorias de processos.

Andreas Schlaepfer, director da divisão de Internal Environmental Management* da Swiss Re, acredita que, para empresas que não sejam de produção, será fácil alcançar reduções iniciais através de esforços de conservação dos edifícios: "Se nunca antes se concentrou na eficiência energética, alcançar uma redução de 30 por cento é simples."[18] A Swiss Re possui uma abordagem de três níveis para reduzir as emissões de GEE. A primeira etapa consiste em diminuir o aquecimento e o ar condicionado nos escritórios da empresa e desligar os sistemas de iluminação fora das horas de trabalho. Como segunda etapa, a empresa concentrou-se nos pequenos investimentos, como sensores de movimento e lâmpadas fluorescentes compactas, e na redução de emissões causadas por viagens de negócios, ao limitarem as viagens de curta distância para reuniões internas e disponibilizarem aos colaboradores a última tecnologia em teleconferência e videoconferência. O último nível da abordagem da Swiss Re consiste em renovar os edifícios e a propriedade da empresa substituindo, por exemplo, as torres de refrigeração, os geradores, o isolamento ou as janelas. A chave é analisar todas as opções e avaliar a viabilidade de cada uma, tendo em conta os custos e os benefícios ao longo do tempo.

Numa solução elegante e simples, The Beer Store (propriedade da Labatt, Molson and Sleeman) descobriu que poderia reduzir 17 mil dólares nos seus custos anuais com combustíveis e 114 toneladas de emissões de CO_2 ao mudar o comportamento dos motoristas dos seus camiões de entregas. Num projecto-piloto em Londres, Ontário (Canadá), a empresa reduziu para metade o tempo de inactividade dos motoristas, ou seja, cerca de três mil horas por ano, e aumentou a eficiência a nível de combustível em 14 por cento. Um passo simples

* **N. T.** Gestão Ambiental Interna.

dado no sentido de se atingir esta meta foi acabar com o mito de que os motoristas precisavam de deixar o motor do seu camião a trabalhar em ponto morto durante cinco minutos no final do dia para evitar danificar o motor a diesel.

Silver bullets*. Algumas empresas conseguiram enormes reduções de GEE através da implementação de uma única iniciativa que alterou significativamente o seu perfil de emissões. Em muitos casos, estas iniciativas de *silver bullet* exigiam inovação e investimento em processos melhorados. A maioria dos esforços de redução de GEE da Alcoa consistiu em reduzir as emissões de PFC diminuindo o número de efeitos anódicos no processo de fundição de alumínio. A *silver bullet* da DuPont consistiu em reduzir as emissões de dois potentes GEE – N_2O e HFC-23 (um subproduto não intencional do HCFC-22, um fluido refrigerante comum) – através de duas tecnologias processuais distintas. A Shell conseguiu reduzir uma grande porção das suas emissões pré-2002 ao diminuir a libertação de gás metano associado das suas instalações de produção e exploração. De forma semelhante, a BP poupou um milhão de dólares ao reduzir a libertação de emissões de gás nas suas refinarias e conseguiu diminuir outras 500 mil toneladas de CO_2e em metano ao substituir as válvulas pneumáticas por electrónicas nas condutas. E ao vender o metano poupado em vez de o libertar, o projecto obteve uma rendibilidade de 67 por cento.

Silver buckshot**. *Silver buckshot* é um termo cunhado por Jim Rogers, CEO da Duke Energy, no seu depoimento efectuado em Março de 2007 perante a Subcomissão da Assembleia Legislativa para a Energia e a Qualidade do Ar. Pretende salientar que as grandes oportunidades de reduzir as emissões de GEE não são sempre individuais e que, para as descobrir, é

---

* **N. T.** Traduzido à letra significa "balas de prata". Esta expressão é utilizada quando se pretende referir uma solução simples para um problema complicado.

** **N. T.** "Disparos de prata".

necessário um esforço concertado e abrangente. Uma avaliação das emissões de GEE e das oportunidades para a sua redução expõem muitas vezes novas perspectivas relativamente a parâmetros operacionais tidos como garantidos ou pouco estudados. Por exemplo, de acordo com a Associação Internacional de Transporte Aéreo (IATA)* as companhias aéreas poderiam reduzir as emissões de GEE e poupar anualmente até mil milhões de dólares em custos operacionais e em combustível se todos os voos fossem encurtados um minuto. Seguindo esta lógica, a Lufthansa intercalou os seus voos de Frankfurt para reduzir o congestionamento e o tempo de abordagem à pista, diminuindo assim as emissões dos motores e poupando 60 milhões de dólares por ano. E o controlo de tráfego aéreo europeu reduziu as emissões e poupou 300 mil toneladas de combustível por ano (154 milhões de dólares a preços de 2004) ao deslocar os aviões para maiores altitudes, onde podem viajar com mais eficiência.

De forma semelhante, a IBM anunciou em 2007 um plano para redireccionar mil milhões de dólares por ano nos seus negócios para aumentar acentuadamente o nível de eficiência energética em tecnologias de informação. O plano inclui novos produtos e serviços para a IBM e para os seus clientes que irão reduzir grandemente o consumo de energia do centro de dados, transformando as infra-estruturas das tecnologias públicas e de negócios do mundo em centros de dados "verdes". Para um centro de dados médio com cerca de 2300 metros quadrados, a empresa espera que os clientes consigam obter 42 por cento de poupança de energia. Designado "Project Big Green"**, a iniciativa da IBM tem como alvo centros de dados empresariais onde os custos e as restrições de energia podem limitar a sua capacidade para

---

* **N. T.** Sigla relativa à designação em inglês *International Air Transport Association.*

** **N. T.** "Projecto Grande Verde". Trocadilho com a designação de *Big Blue* ("Grande Azul") atribuída à IBM.

crescer. A iniciativa inclui uma nova "equipa verde" global constituída por mais de 850 arquitectos de eficiência energética de toda a IBM.

Olhar para o futuro. Mesmo que estas oportunidades de grande impacto ainda não existam actualmente, as empresas estão a trabalhar para as tornar uma realidade no futuro. Por exemplo, as *utilities* estão à procura de novas tecnologias de "carvão limpo" que possam ser trazidas para o mercado, como o oxi-combustível e a policombustão. A tecnologia que recebe mais atenção é o Ciclo Combinado de Gaseificação Integrada (IGCC) com Captura e Armazenamento de Carbono (CAC) para reduzir as emissões de futuras fábricas alimentadas a carvão. As fábricas de IGCC gaseificam carvão, biomassa ou desperdícios de petróleo (geralmente produzidos pelos processos de refinação) sem queimarem a matéria-prima. Seguidamente, o gás é queimado numa turbina de gás e o calor produzido é utilizado para criar vapor para mover uma turbina de vapor. O dióxido de enxofre e outras impurezas residuais são retirados antes da queima do gás. O processo utiliza menos água e produz aproximadamente 50 por cento menos resíduos sólidos do que as fábricas alimentadas a carvão (que queimam carvão pulverizado para criar vapor) e um fluxo de CO_2 puro que pode ser separado e capturado com uma menor penalização de energia e a custos incrementais mais reduzidos do que as fábricas com carvão pulverizado. Outro benefício é o potencial para remover o mercúrio com menores custos do que em fábricas convencionais alimentadas a carvão.

Outras empresas estão à procura de oportunidades de produtos e de processos para capitalizarem com a transição do mercado de restrições de carbono. A DuPont prometeu gerar 25 por cento das suas receitas a partir de fontes renováveis até 2010 (em 2003 eram de 14 por cento). Para isso, a empresa espera alienar a sua grande unidade de têxteis e interiores baseada em petróleo, que fabrica *nylon*, poliéster e Lycra, e fabricar vestuário a partir de milho (como Sorona, um novo tecido elástico). De forma semelhante, a Cargill Dow LLC também está a tentar fabricar produtos de "biomaterial", como *t-shirts*, meias, garrafas de leite e componentes de automóveis a partir de amido de milho. Um dos seus produtos, o NatureWorks PLA, está a ser utilizado pela Coca-Cola para produzir copos para refrigerantes, pela McDonald's para recipientes para saladas e pela Pacific Coast Feather para o enchimento de almofadas e edredões. Isto reduz a dependência do petróleo (um impulsionador aliado da estratégia para as alterações climáticas), diminui a produção de GEE, elimina materiais tóxicos do ecossistema e reduz a carga regulamentar associada.

Conquiste o empenho da força de trabalho

O empenho dos colaboradores é fundamental para o sucesso de qualquer estratégia relacionada com o clima. As empresas experientes reconhecem os benefícios duplos provenientes do compromisso dos colaboradores. Primeiro, estes são fundamentais para a identificação e implementação das suas iniciativas. Em segundo lugar, as iniciativas de sucesso aumentam o moral e a retenção da sua força de trabalho. Estes dois elementos alimentam-se um ao outro num ciclo virtuoso. Para conquistar o empenho dos colaboradores, tem de desenvolver programas que eduquem e motivem a força de trabalho, ultrapassem fontes comuns de resistência e recompensem por um trabalho bem feito. Em última análise, o objectivo é deslocar as alterações climáticas da periferia para o centro da empresa.

Incentive o comportamento. As empresas têm utilizado programas tradicionais e inovadores para construir uma consciencialização interna e motivar a acção. Os métodos mais directos aliam os indicadores de desempenho energético e a nível do clima à remuneração e aos bónus dos colaboradores. Outras empresas criam programas de recompensa que reconhecem conquistas excepcionais a nível ambiental em toda a empresa. Algumas recebem eventos de *marketing* interno, incluindo demonstrações feitas no local que permitem aos colaboradores fazer *test drives* a veículos híbridos e outras tecnologias. Outras empresas oferecem incentivos à compra de automóveis híbridos. O Bank of America vai restituir três mil dólares aos colaboradores em três cidades que adquirirem um veículo híbrido; a Google oferece aos seus colaboradores a tempo inteiro nos Estados Unidos um subsídio de cinco mil dólares pela compra de um veículo com um *rating* da EPA a nível de poupança de combustível de 70 quilómetros por galão ou mais.[19]

Outras concentram-se em incentivos mais inovadores. A Deloitte oferece aos seus 11 mil colaboradores no Reino Unido um cartão de crédito da empresa para a compensação do carbono, através do qual esta irá comprar reduções de emissões de carbono. O programa Cool Co_2mmute da Interface Inc. fornece aos colaboradores uma forma acessível de "melhorar as suas deslocações" ao compensar emissões das viagens pessoais e para o trabalho. A Alcoa compra árvores a fornecedores locais e distribui-as pelos colaboradores, que são depois encorajados a plantá-las nas suas comunidades ou na propriedade da Alcoa para sublinhar que as alterações climáticas são uma questão intergeracional. De forma semelhante, a Interface oferece aos seus colaboradores na América do Norte a opção de plantar árvores para celebrar os seus anos de serviço na empresa, em vez dos tradicionais prémios por serviço. Algumas empresas encorajam os colaboradores a participar em programas locais e regionais, como o Smart Trips do Colorado, para aumentar a utilização dos transportes públicos e reduzir a pegada de carbono do seu pessoal. Todos estes programas, tanto tradicionais como inovadores, tornam a questão do clima mais tangível e ligam-na à vida diária de todos nós, oferecendo ao mesmo tempo exemplos de como podem fazer a diferença.

Para ligar as reduções de carbono aos objectivos da empresa, algumas desenvolveram programas internos de comércio de emissões para se prepararem para futuros sistemas externos e descobriram que, embora não produzam as reduções de emissões mais eficientes e com menores custos, criam de facto oportunidades para educar a força de trabalho sobre a atribuição de um preço ao carbono. A Shell, por exemplo, descobriu que o seu programa STEPS (Shell Tradable Emissions Permit System*) enfrentava problemas que incluíam a falta de participantes, de liquidez e dificuldades com a distribuição de licenças. O sistema foi ainda mais enfraquecido pelo facto de ser voluntário e de as unidades de negócio frequentemente requererem, e receberem, mais licenças. Por fim, e mais grave, havia questões legais: licenças internas com valor monetário não podiam ser comercializadas através de fronteiras internacionais sem haver consequências fiscais significativas nos países receptores. Contudo, apesar destas dificuldades, a Shell descobriu que os programas de comércio interno proporcionam vários benefícios: (1) podem ter sucesso na construção de uma consciencialização dos colaboradores, (2) criam um mecanismo estruturado para incluir considerações sobre GEE nas operações de unidades de negócio individuais, (3) proporcionam à empresa uma oportunidade para desenvolver internamente especialização sobre comércio de carbono e (4) ajudam a empresa a construir credibilidade em círculos políticos.

Ultrapassar a resistência. Quando se inicia uma mudança na empresa, relacionada com o clima ou outra, as primeiras perguntas a fazer são: quem será a favor; quem será contra? De uma forma geral, o maior apoio às iniciativas relativas ao clima encontra-se no departamento ambiental, de saúde e segurança. Mas a mudança organizacional leva à resistência por parte de outros departamentos: rotina habitual, limitações de recursos, rotura de comunicações, medo do desconhecido e ameaças a bases de poder estabelecidas podem todos ser obstáculos.

* **N. T.** Sistema de Comércio de Licenças de Emissões da Shell.

Segundo John Carberry, administrador para a área de Environmental Technology* da DuPont, os investimentos de capital para reduzir o consumo de energia encontram muitas vezes resistência porque não são considerados "*sexy*" ou "atractivos". Com recursos cada vez menores, a certeza de rendibilidade dos projectos de eficiência energética pode tornar-se de facto uma grande responsabilidade. A DuPont, por exemplo, excluiu a hipótese de *hurdle rates*** mais reduzidas, preço-sombra*** interno de carbono ou criar um orçamento para projectos de eficiência energética. Estes projectos têm, portanto, de superar outros que estão a ser avaliados para financiamento. Assim, diz Carberry, "o problema é que quando estabelecemos uma rendibilidade de 20 por cento com 99 por cento de certeza em energia, perdemos para uma estimativa do grupo de *marketing* de 40 por cento de rendibilidade com 60 por cento de certeza".[20] Em última análise, quebrar a resistência interna e, mais importante, criar apoio é determinante para o sucesso. Inquiridos que responderam a um questionário no relatório do Pew Center identificaram quatro estratégias principais para o fazer: estabelecer uma ligação clara entre a estratégia relativa ao clima e os valores da empresa, demonstrar um compromisso evidente por parte do CEO, criar uma justificação de negócios forte para as iniciativas relativas ao clima e educar a força de trabalho.

A forma mais directa de relacionar a estratégia relativa ao clima com a empresarial é desenvolver mecanismos financeiros que criem sinais de um estabelecimento de preços interno para impulsionar inovação e acção nesta área. A maioria das empresas utiliza uma combinação de abordagens para financiar as suas estratégias relativas ao clima e avaliar investimentos previstos, incluindo um conjunto especial de capital

---

* **N. T.** Tecnologia Ambiental.

** **N. T.** Taxas mínimas de rendibilidade exigidas antes de se fazer um investimento.

*** **N. T.** O preço que vigoraria no mercado se não houvesse distorções.

de investimento, preços-sombra para o carbono e *hurdle rates* internas mais reduzidas.[21]

A Shell, por exemplo, recorre a três preços-sombra internos diferentes para o carbono: um para a UE, um segundo para outros países desenvolvidos e um terceiro para os que estão em desenvolvimento. Com estes preços-sombra, a Shell exige que esses projectos de eficiência energética e de redução de GEE enfrentem as mesmas *hurdle rates* que outros investimentos. A empresa utiliza valores-base de longo prazo tanto para o petróleo como para o carbono quando avalia projectos de eficiência interna. Um dos sinais mais evidentes de que as alterações climáticas se tornaram uma questão estratégica para a empresa é quando os números e as fórmulas utilizadas para estabelecer os preços-sombra ou as *hurdle rates* internas são considerados particulares e confidenciais.[22]

Os mecanismos financeiros internos tornam-se redundantes à medida que os sistemas obrigatórios de carbono criam um verdadeiro preço de mercado externo em algumas localizações. Mas, entretanto, podem ajudar as estratégias relativas ao clima a concorrer com outras iniciativas por financiamento. Criar ou não apoios internos ao preço para os esforços de redução de emissões é uma decisão estratégica para a sua empresa. Algumas esperam que os projectos relativos ao clima apresentem rendibilidades positivas relativamente a outras iniciativas que não as têm.

Deslocar as alterações climáticas da periferia para o centro. Finalmente, a questão das alterações climáticas tem de se deslocar para os departamentos mais bem equipados para lidar com ela. Tem de passar do departamento ambiental, de saúde e segurança para o centro das competências funcionais da empresa e, no decorrer do processo, tornar-se uma questão de importância estratégica para a mesma. Todas as empresas abordam este desafio de forma diferente, para se adequar à sua cultura e orientação de negócios principais. A sua empresa já possui uma linguagem, uma cultura, recompensas e modelos pré-existentes e tem de os aproveitar para produzir a resposta mais eficaz, uma que conduza o esforço para os níveis funcionais mais bem equipados para lidar com o assunto, como investigação e desenvolvimento, engenharia, produção, operações, *marketing*, finanças, planeamento estratégico e/ou recursos humanos. A chave é utilizar as estruturas existentes em seu favor, ao mesmo tempo que as amplia para acolherem novos temas e possivelmente novas abordagens.

Muitas empresas optam por dar início às suas actividades relativas ao clima em departamentos específicos e depois transferi-las para departamentos centrais assim que estiverem prontas para comercialização. Por exemplo, muitas empresas desenvolvem os seus programas de comércio de carbono em departamentos protegidos e depois deslocam-nos para as divisões de comércio de mercadorias à medida que surgem programas obrigatórios. A Swiss Re, por exemplo, criou um departamento de Greenhouse Gas Risk Solutions (GHGRS) mas dissolveu-o quando as suas ofertas, já bastante desenvolvidas, incluindo comércio de carbono, produtos de seguros e derivados das condições meteorológicas, foram redistribuídas por grupos de produtos principais. Foi atribuída ao director do GHGRS a nova tarefa de trazer para o mercado produtos relacionados com o clima e a sustentabilidade. Ao integrar com sucesso as suas actividades relativas ao clima em vários negócios principais, como mercados de capitais e aconselhamento (produtos de comércio), consciencialização do risco (seguros D&O*) e gestão de activos de energia limpa/a carbono, a Swiss Re pode incluir com maior eficácia as alterações climáticas como uma questão estratégica importante que está a avançar.

* **N. T.** No original, *D&O insurance*. O D&O refere-se a *Directors and Officers*. São prémios de seguros que se pagam a administradores e directores, ou à própria empresa, para cobrir despesas com acções judiciais.

Aprender como participar no comércio de carbono

Sabe qual é a diferença entre créditos de energias renováveis (CER), unidades de quantidade atribuída (UQA), reduções verificadas de emissões (VER)[*], reduções certificadas de emissão (RCE), unidades de redução de emissões (URE) e licenças de emissão da União Europeia (EUA)[**]? Se não, então pode estar a deixar escapar o mercado de carbono, que assiste a um rápido crescimento. Segundo um relatório do Banco Mundial (*State and Trends of the Carbon Market 2007*[***]), o mercado de créditos de carbono cresceu mais depressa do que o esperado em 2006, triplicando de dez mil milhões de dólares em 2005 para 30 mil milhões. Perto de 85 por cento desta actividade ocorreu na área de *transacções baseadas em licenças de emissão* de acordo com programas de limitação e comércio de emissões decretados pelo governo, como as UQA de acordo com o Protocolo de Quioto ou as EUA de acordo com o Comércio Europeu de Licenças de Emissão. Algumas transacções baseadas em licenças de emissão também ocorreram em mercados não regulamentados, como os cerca de 38 milhões de dólares em VER vendidos na CCX e no mercado de New South Wales (NSW). Apenas um pouco acima de 15 por cento das transacções foram concluídas como *transacções baseadas em projectos*, em que os créditos de emissões foram comprados a um projecto, como as RCE geradas através da disposição de Implementação Conjunta (IC) do Protocolo de Quioto e as URE geradas através da disposição relativa ao Mecanismo de Desenvolvimento Limpo (MDL) de Quioto. Finalmente, existe um mercado em crescimento para *transacções voluntárias* de emissões de compensação. É importante conhecer a diferença entre estes três tipos de transacções quando participar nos mercados de carbono.

---

* **N. T.** Sigla amplamente utilizada em Portugal e que corresponde à designação em inglês *Verified Emission Reductions.*

** **N. T.** Sigla amplamente utilizada em Portugal e que corresponde à designação em inglês *European Union Allowances.*

*** **N. T.** "Estado e Tendências do Mercado de Carbono 2007".

Transacções com base em licenças de emissão. O direito de emitir uma tonelada de CO_2e costumava situar-se entre os 15 e os 40 dólares na bolsa da UE desde meados de 2005 até final de 2006. Em Novembro de 2006, o preço desceu acentuadamente dos 20 dólares quando a oferta ultrapassou a procura e, em meados de 2007, o preço atingiu os 0,39 dólares por tonelada. As flutuações de preços muito voláteis são características de mercados pequenos e imaturos, mas os analistas esperam que os preços se fixem entre os 20 e os 40 dólares durante o segundo período de compromisso. Estes mercados de carbono ainda são jovens, mas estão a crescer e irão fazê-lo mais rapidamente quando intervenientes maiores (como os dos Estados Unidos) entrarem no mercado de conformidade.

Os preços na CCX situam-se perto dos dois a quatro dólares por tonelada. Programas de transacção não regulamentados como a CCX oferecem benefícios ao ajudarem as empresas a desenvolver conhecimento na recolha, análise e divulgação de informação e podem potencialmente ser a base de apoio para um programa nacional de comércio nos Estados Unidos. Além do mais, a CCX pode funcionar como uma forma de registar, verificar e analisar as suas reduções.

Transacções baseadas em projectos. Existem dois mecanismos no Protocolo de Quioto que permitem que as empresas comprem créditos de carbono com base num projecto. A IC consiste em transacções entre países com uma meta de emissões de Quioto; o MDL consiste em transacções entre um país com uma meta de Quioto e outro que não possua uma. Nas transacções baseadas em projectos, a China foi o maior vendedor de créditos (61 por cento), seguida da Índia (12 por cento) e do Brasil (quatro por cento). A UE foi o maior comprador de créditos, adquirindo 86 por cento da oferta. Os créditos foram vendidos entre cinco e dez dólares por tonelada, resultando em fluxos de capital de países compradores para vendedores de cerca de oito mil milhões de dólares desde 2002.

Os projectos de IC tiveram uma utilização eficaz, mas limitada. O MDL, por seu turno, foi mais utilizado e mais criticado. Embora os princípios do MDL possam ser válidos, as regras de implementação são vistas por muitos como tendo muitas falhas. Um relatório do Centre for Science and the Environment* descobriu que havia falta de transparência no programa, os projectos eram escolhidos mais pelo prestígio do consultor do que pelo mérito do projecto e que os indicadores ainda não tinham sido alcançados.[23] Em muitos casos, a atractividade dos lucros provenientes dos negócios de MDL levam banqueiros, consultores e proprietários de fábricas a estruturá-los, muitas vezes a um custo extremamente elevado. Por exemplo, um artigo de primeira página do *New York Times* dizia que os países industrializados podiam pagar 800 milhões de dólares por ano para comprar créditos para destruir HFC-23, um GEE extremamente potente, apesar de o custo de construção e de funcionamento de incineradoras ser de apenas 31 milhões por ano. Mas independentemente das falhas na implementação do MDL, a ligação entre desenvolvimento e alterações climáticas é tão forte que podemos esperar que permaneça para lá do período de conformidade do presente Tratado de Quioto. O Relatório Stern refere que cem mil milhões de dólares têm de ir para o mundo em desenvolvimento para o ajudar a equipar-se de uma forma que satisfaça a nossa necessidade global de redução das emissões de GEE. O MDL e a IC são actualmente os únicos mecanismos para cumprir esta meta. Outros sugerem que o MDL pode ser utilizado como um "isco" para levar os países desenvolvidos a participar num programa de redução de GEE.

Transacções voluntárias. Por fim, há um grande mercado voluntário, não regulamentado, de créditos de carbono baseados em projectos. As vendas de compensações voluntárias em todo o mundo aumentaram de seis milhões de dólares em 2004 para 110 milhões em 2006 e estima-se que tenham um valor de quatro mil milhões de dólares em 2010. Tanto

* **N. T.** Centro para a Ciência e o Ambiente.

os CER como as VER poderão ser reconhecidos em futuros esquemas regulamentares, mas esse reconhecimento não está garantido, pois os padrões estão actualmente a ser desenvolvidos. O Banco Mundial avisa que falta a este segmento voluntário um padrão geralmente aceitável, o que poderá enfraquecer todo o conjunto de mercados de carbono, e que é afectado por mecanismos pouco fiáveis para verificar se os alegados cortes de emissões estão de facto a ocorrer. Esta situação conduz a alguma prudência na utilização de compensações como as VER e os CER.

Cuidado com o excesso de dependência das compensações. As compensações são uma forma muito popular de oferecer um necessário elemento de flexibilidade a muitos programas de limitação e comércio de emissões e está muito em jogo na preparação de regulamentação sobre o que é um género aceitável de compensação. Mas este pode ser um terreno muito perigoso. Deve investigar e saber a quem é que está a comprar os créditos, como o vendedor está a utilizar o dinheiro e se as reduções são legítimas. Mesmo assim, esta pode ser uma forma arriscada de alcançar os seus objectivos.

A nível operacional, o cálculo pelo qual os CER são avaliados é pouco claro; actualmente não existe uma padronização, embora o Center for Resource Solutions* esteja a começar a criar orientações através das quais os CER possam ser contabilizados como compensações de carbono. A nível ambiental, os benefícios das VER são altamente questionáveis. As empresas podem vender a energia criada pela fonte de energia "verde" que possuem e depois vender os benefícios ambientais separadamente. Portanto, as características "limpas" dessa energia poderão ser vendidas duas vezes. E, a nível de ética, muitos encaram

* **N. T.** Organização norte-americana sem fins lucrativos que procura criar soluções políticas e de mercado para responder a problemas relacionados com as alterações climáticas.

esta possibilidade como uma forma de pagar para se libertar da obrigação de reduzir as emissões de GEE. Al Gore enfrentou fortes críticas quando tentou refutar as acusações de que a sua casa consumia uma quantidade invulgarmente elevada de energia dizendo que compensava essas emissões. O excesso de dependência das VER poderá deixá-lo exposto a este tipo de críticas e incapaz de se adaptar a uma futura estrutura regulamentar em que as VER não sejam válidas. No entanto, ainda são muitos os casos em que as VER podem ser instrumentos válidos que proporcionam benefícios de *marketing* e relações públicas, quando compradas hoje.

Olhar para o futuro. Utilizados correctamente, os mercados de carbono são uma oportunidade de geração de lucro com um grande potencial. Avançando um pouco, até que ponto o mercado global de carbono poderá crescer? Algumas estimativas vão desde os cem mil milhões aos três biliões de dólares por ano em 2010 após os Estados Unidos entrarem nos sistemas internacionais de comércio.[24] Actualmente, a International Emission Trading Association (IETA) afirmou que já foram investidos bem acima de 4,6 mil milhões de dólares para RCE e URE em mercados regulamentados.

Envolva as ONG ao longo do percurso

Muito do trabalho necessário para se desenvolver uma estratégia para as alterações climáticas é novo para as empresas. Felizmente, existe a possibilidade de obter apoio de fontes que poderá não ter considerado antes – organizações não governamentais (ONG). As ONG da área ambiental estão muito diferentes desde os anos de 1970 e 1980, crescendo em sofisticação e diversidade. Quando as envolver como um executivo de negócios, não pense nelas como individuais ou monótonas.

A Environmental Defense, por exemplo, evoluiu muito da organização cujo *slogan* não oficial era "Sue the Bastards"* para uma em que o *slogan* oficial dos anos 2000 é "Finding the Ways That Work"**. Para participar com eficácia no *leveraged buyout**** de 2007 da empresa de energia TXU, a Environmental Defense contratou o Perella Weinberg Partners, um banco de investimento exclusivo, para a aconselhar sobre a utilização de tácticas de Wall Street na negociação de fusões e aquisições.

As ONG conseguem dominar a sofisticação, os recursos e as tácticas organizacionais. E são extremamente flexíveis e rápidas a encontrar várias formas de cumprir as suas tarefas. Pode deparar-se com um piquete da Rainforest Action Network**** enquanto está a negociar um acordo com o World Wildlife Fund*****. Pense nas ONG como uma rede onde o conjunto de tácticas, agenda e competências varia bastante entre elas.

As ONG podem agir como conselheiros políticos do governo, conselheiros estratégicos dos seus concorrentes, líderes de opinião para a opinião pública e estímulos para os seus investidores. Deve estar ciente da sua capacidade para trabalhar em conjunto com vários intervenientes para alcançarem os seus objectivos – quer seja com banqueiros, investidores, fornecedores, clientes ou organizações religiosas. As ONG podem ajudar a organizar grupos de negócios, como fizeram com o USCAP e o Business Environmental Leadership Council (BELC) do Pew Center, e podem agir como parceiros individuais para iniciativas ambientais de empresas, como a Environmental Defense fez com a

---

* **N. T.** "Processem os aldrabões".

** **N. T.** "Encontrar as formas que funcionam".

*** **N. T.** Transacção através da qual se adquire o controlo accionista de uma empresa, sendo uma parcela significativa do pagamento financiada através de dívida.

**** **N. T.** Grupo de defesa das florestas húmidas e seus habitantes.

***** **N. T.** Organização de defesa da vida selvagem e de espécies ameaçadas.

FedEx no desenvolvimento de uma nova geração de veículos híbridos para as entregas. Podem até mobilizar apoio do público, como fizeram recentemente em relação às preocupações com a ameaça à segurança do urso polar. Enquanto grupo, mobilizam verdadeiramente os aspectos dos ambientes políticos, sociais e de negócios de formas que terão grande importância para a evolução do seu negócio. Mas não impulsionam a sociedade de maneiras que esta ainda não queira realmente seguir. Portanto, é útil pensar nas ONG como catalisadores e como sentinelas. Não são uma distracção para os seus esforços de negócios. São indicações sobre para onde pode esperar que o ambiente de negócios se dirija. Como tal, estão a apontar na direcção de um futuro de limitação de carbono – e as suas perspectivas e orientações podem conduzi-lo nesse sentido.

Muitas empresas começaram a dirigir-se às ONG para conselhos sobre política e estratégia para as alterações climáticas. Os benefícios destes acordos incluem acesso a informação científica, técnica e política; a conhecimento de especialistas; a partilha de informação com outras empresas; à oportunidade de testar ideias antes de as lançar para o público; ou à verificação de reduções de emissões empresariais. As ONG podem trabalhar com empresas através de grupos de trabalho formais como o BELC, equipas ou conselhos internos, ou iniciativas criadas pela empresa para promover investigação técnica ou consciencialização do público; ou podem agir como representantes dos interesses da comunidade local. De acordo com Linda Fisher, *vice president* e directora para a sustentabilidade na DuPont, "pode aprender-se muito com as ONG. Podem alertá-lo para as oportunidades do mercado. Além disso, acrescentam legitimidade aos seus compromissos ambientais."[25]

Decida se deve publicitar as suas actividades relativas aos GEE

Decidir se devem publicitar as suas actividades relativas aos GEE é talvez uma das questões mais complicadas que as empresas têm de enfrentar. A sua pode considerar as reduções de GEE uma oportunidade de melhorar a sua reputação. Os benefícios, embora difíceis de quantificar, residem em melhorar a reputação envolvendo aqueles que são importantes para o sucesso da sua empresa, quer sejam eleitores que influenciam políticas futuras, jurados presentes em julgamentos, investidores que ponderam estratégias ambientais quando fazem investimentos, comunidades que influenciam a capacidade da sua empresa para se expandir ou construir novas instalações, jornalistas que escrevem artigos sobre as iniciativas da sua empresa, colaboradores que trabalham para ela, activistas que decidem protestar contra as suas operações, ou consumidores que compram os seus produtos ou serviços. A *BusinessWeek* já citou muitas empresas pelas suas conquistas no combate às alterações climáticas e muitas foram altamente elogiadas pela Ceres pelo seu trabalho a nível ambiental. Entre as empresas com maior visibilidade que procuraram beneficiar com o facto de terem uma reputação pública de seguirem estratégias ambientais incluem-se a GE, através da sua campanha "ecomagination"*, e a BP, através da remodelação da marca para "Beyond Petroleum"**.

Mas poderá igualmente considerar um risco colocar-se demasiado à frente dos seus concorrentes nesta área e tornar-se um alvo. Investigação efectuada por Tom Lyon da Universidade do Michigan e outros demonstrou que as empresas que têm maior visibilidade na divulgação da sua imagem "verde" podem também ser aquelas que se tornam alvo de protesto de ONG (como estão a constatar agora muitas empresas de energia).[26] Ao exibir a bandeira do "verde", poderá também sentir

* **N. T.** "Ecomaginação".
** **N. T.** "Para lá do petróleo".

que cobriu a sua empresa com um alvo no qual os activistas irão tentar acertar. Ou, como explicou um executivo da indústria petrolífera, "está na natureza do negócio poder vir a sofrer um acidente a qualquer momento e os custos irão disparar. Temos estado a tentar descobrir qual é a posição correcta a assumir relativamente ao ambiente. Acreditamos que, se tiver sucesso, mantém-se no negócio. Se mantiver o negócio tempo suficiente, sofrerá um acidente. Portanto, uma vez que irá ocorrer, que tipo de reputação quererá ter quando isso acontecer? Quer estar na CNN a anunciar a sua preocupação com o ambiente na véspera de o seu petroleiro ter um derrame? Penso que já decidimos que a resposta é 'não'."[27]

No fundo, é de facto uma decisão estratégica sobre se quer correr os riscos associados às oportunidades de obter benefícios sociais com uma campanha de *marketing* "verde". Para muitas empresas, a ideia de não aproveitarem o valor de iniciativas relativas ao clima é uma oportunidade desperdiçada. Querem extrair todos os benefícios que conseguirem da sua estratégia para o clima. Mas é necessário algum cuidado: têm de se certificar de que a mensagem se adequa à realidade. Como se costuma dizer, *a melhor forma de se destruir um mau produto é com bom* marketing. Portanto, se optar por este caminho certifique-se de que o seu desempenho ambiental irá sobreviver ao escrutínio que certamente surgirá. Qualquer tentativa de projectar uma reputação demasiado "verde" irá resultar em acusações de *greenwashing*. E se for acusado de praticar simplesmente demagogia relativamente às alterações climáticas sem que haja uma verdadeira mudança, será criticado de imediato pelas ONG, pela imprensa, pelos políticos e pelo público. Serão perdidos quaisquer potenciais benefícios e incorrerá em custos.

Etapa 3: influenciar o processo de desenvolvimento de políticas

Há um velho ditado de Oklahoma que sintetiza a necessidade de influenciar o desenvolvimento de políticas de forma bastante satisfatória.

Se não estiver à mesa, estará na ementa.

Qualquer política que regule as emissões de GEE irá estabelecer as regras do jogo e alterar o contexto competitivo, favorecendo determinadas acções, empresas e indústrias. Para manter uma medida de controlo sobre o futuro ambiente dos seus negócios, deve monitorizar e antecipar as opções que estão a ser consideradas em políticas pendentes de GEE e como estas podem afectar os seus objectivos de negócios. Mas, ao nível mais elevado, deve conquistar (e manter) um lugar à mesa quando estiverem a ser concebidas regulamentações futuras, nunca se esquecendo que acções credíveis lhe proporcionarão uma maior influência no processo. Até a Swiss Re, cujas emissões são diminutas comparadas com as de outras empresas, sente que tem de agir para reduzir a sua pegada de carbono antes de se poder tornar um interveniente credível nos círculos políticos.

Não é difícil compreender o valor estratégico de ter um lugar à mesa para influenciar o desenvolvimento de políticas. Isto é simples estratégia de negócios. O CEO da Duke Energy, Jim Rogers, afirma que é necessário envolver-se com o governo para evitar "o risco da rapidez, o risco de, por o regulador ou congressista assinar uma lei, o valor dos nossos activos se poder alterar da noite para o dia. (...) Se houver uma grande probabilidade de vir a haver regulamentação, tente posicionar-se da melhor forma para influenciar o resultado."[28] David Hone, da

Shell, afirma simplesmente: "Se estiver a fazer um acordo com alguém e o outro estiver a estabelecer as regras, irá querer ter uma palavra a dizer."[29] Para a Shell e para a BP, já compensou. Ambas influenciaram o desenvolvimento das Directivas de Comércio de Emissões da União Europeia e do Reino Unido com base na sua vasta experiência com reduções de emissões.

Mas o envolvimento das empresas com a política é mais do que uma questão de interesse próprio – pode resultar em melhores políticas. As empresas podem fornecer conhecimentos valiosos acerca de ideias que irão resultar em políticas mais eficientes e eficazes a nível de custos. O facto é que o governo não o consegue fazer sozinho. Não tem a capacidade para compreender as implicações das diferentes opções de políticas em todos os sectores da economia. A sua empresa tem uma razão e valor para se sentar à mesa e, se não estiver lá para ajudar a estabelecer as regras, os seus concorrentes irão estabelecê-las por si. Portanto, como é que consegue chegar à mesa? Esta pergunta tem duas componentes fundamentais: (1) O que está sobre a mesa? (2) Onde está a mesa?

Saber o que está sobre a mesa

O tema principal a nível de políticas para as empresas, de acordo com um inquérito de 2005 realizado pela Deloitte Research (*Which Way to Value? The U.S. Power and Utility Sector, 2005-2010**), era o comércio de emissões, a opção de políticas mais viável. (É provável que também se desenvolvam padrões de desempenho, como novos padrões para electrodomésticos e construções, códigos de energia, regulamentações que obriguem empresas de geração de electricidade a fazê-lo recorrendo

* **N. T.** "Qual o caminho para o valor? O sector norte-americano da energia e das *utilities*, 2005-2010".

cada vez mais a energias alternativas e padrões de Corporate Average Fuel Economy (CAFE), juntamente com a limitação e comércio de emissões.) Mas o problema está nos pormenores e o formato exacto de como as regras de comércio são estabelecidas pode ter extrema influência na determinação de vencedores e vencidos num regime de controlo de carbono. Embora muitas questões ainda precisem de ser resolvidas, há cinco que são determinantes para o resultado de um comércio de carbono:

- A primeira questão é *o que contar*: emissões directas ou indirectas. As emissões directas surgem de fontes que são propriedade da empresa relatora e geralmente incluem emissões de processos de produção no próprio local e da queima directa de combustíveis fósseis em caldeiras e fornalhas para a geração de energia no próprio local. Estas são muito simples. Mas as formas como as empresas medem actualmente as emissões indirectas – ou seja, emissões que não ocorrem directamente nas instalações da empresa relatora – variam imenso. As fontes mais comummente relatadas são a electricidade, o aquecimento ou o arrefecimento e o vapor comprado a um fornecedor. Mas isto levanta questões de dupla contabilização se o vendedor também as estiver a contar como reduções de emissões directas. Outras empresas avaliam as emissões geradas por transporte de material, viagens de negócios, deslocações diárias para o trabalho e a utilização dos seus produtos. Para a Whirlpool, a utilização dos seus electrodomésticos constitui 93 por cento do perfil de GEE da empresa e é o enfoque principal dos esforços de redução. Como pode verificar, a inclusão de emissões indirectas é determinante para a capacidade de a empresa participar num sistema de comércio de carbono. Como regra geral, é boa ideia avaliar a sua pegada de carbono em ambos os sentidos da cadeia de valor e não se limitar a uma compreensão das suas emissões directas, para perceber a extensão a que poderá ser afectado por esta questão.

Um aspecto relacionado com o que contar é como o contar, ou seja, utilizar indicadores absolutos ou indexados (ou de intensidade) que estão normalizados em dólares de receitas ou peso dos materiais. Muitas empresas agora utilizam ambos. Mas embora a administração Bush fosse a favor das medidas de intensidade, o impulso é para se apontar para um indicador absoluto. Como mencionado anteriormente, a Comissão Norte-Americana para a Política Energética alterou a sua recomendação de 2004 de uma meta ambiental baseada em reduções anuais da intensidade (2,4 por cento de redução anual de emissões de GEE por dólar do PIB) para defender um indicador absoluto em 2007.

- A segunda questão é *crédito por agir mais cedo*. Quando é estabelecido um sistema obrigatório, é importante não penalizar aqueles que agiram antes da regulamentação, de modo a recompensar as empresas pelo que já fizeram e consequentemente retirar o incentivo perverso de aumentar as emissões em antecipação da legislação. As empresas afirmam que não receber crédito por agir mais cedo será injustamente oneroso, uma vez que já abordaram as oportunidades menos dispendiosas de redução de emissões e irão enfrentar as opções mais caras quando o programa se iniciar.

- A terceira questão é a *atribuição de licenças de emissão num sistema de limitação e comércio de emissões*. Embora esta questão, como acontece com a de *o que contar*, tenha pouca importância relativamente aos resultados ambientais ou aos custos globais para a sociedade de qualquer política prevista, é de grande importância para a equidade do sistema. A atribuição afecta a distribuição de benefícios e de encargos entre as empresas e os sectores industriais. Além da questão de quantas licenças atribuir (os emissores de GEE podem convencer os reguladores a permitir demasiadas licenças, como aconteceu na UE), os críticos avisam que a atribuição não deve ser imposta com base em emissões e consumo de combustíveis fósseis, mas sim na capacidade de adicionar os custos, as oportunidades de redução de emissões e a adaptabilidade da procura do cliente ao produto da empresa ou sector em resposta a preços mais altos. Isto conduz a uma abordagem mista que combina alguma atribuição grátis com um leilão parcial. O USCAP defende uma atribuição inicial de licenças gratuita para sectores que venham a ser mais negativamente afectados pelas políticas relativas ao clima e subsequente atribuição, que tem custos transaccionais baixos.

- A quarta questão é a inclusão de um *mecanismo de controlo de custos* que iria assegurar que o custo das licenças não se torna demasiado oneroso durante os anos iniciais do programa. As opções incluem um limite de custos, depósitos no banco, recurso a empréstimos, reserva estratégica de licenças, atribuições preferenciais, financiamento específico, incentivos à tecnologia e apoio à transição. Destes, o limite de custos ou "válvula de segurança" é uma proposta comum para atenuar os receios na comunidade empresarial de que os custos de conformidade sejam demasiado dispendiosos. Sem a existência de um limite de custos, um estudo efectuado pelo Joint Program on the Science and Policy of Global Change* do MIT (*Assessment of U.S. Cap-and-Trade Proposals***) concluiu que o preço das licenças de carbono para políticas de GEE iria situar-se aproximadamente entre os 30 e os 50 dólares por tonelada de CO_2e durante o período inicial, aumentando para 120 a 200 dólares por volta de 2050. Projectos de lei actuais no Congresso norte-americano recomendam uma "válvula de segurança" entre

* **N. T.** Programa conjunto sobre ciência e políticas das alterações globais.

** **N. T.** "Avaliação das propostas norte-americanas de comércio e licenças de emissões."

sete e dez dólares por tonelada de CO_2e para começar e que este valor aumente regularmente todos os anos em termos nominais.

- Por fim, há a questão de *quem regular*. O comércio poderia ser instituído numa base ampla da economia com a lógica de que mais fontes abrangidas irão conduzir a reduções menos dispendiosas. Mas outros sugerem a ideia de padrões estabelecidos por sector, onde as empresas dentro de um determinado sector serão expostas ao mesmo tipo de estrutura regulamentar por todo o mundo. A lógica é que esses padrões irão atravessar fronteiras nacionais independentemente de as economias emergentes participarem numa estrutura pós-2012, pois todas as partes do sector por todo o mundo estariam ligadas às mesmas obrigações sem ter em conta interesses de soberania. Outros referem que os limites de emissões a nível de sectores evitam que aqueles com baixos custos de carbono (como o dos transportes) façam ofertas tão baixas pelo preço do carbono que estas tenham um impacto negativo nos sectores com elevados custos de carbono (como a manufactura). Isto não iria permitir que indústrias intensivas a nível de energia, que são consideradas aquelas com mais em jogo, dominassem o processo de regulamentação. Mas há críticos que avisam que estabelecer padrões com base em sectores irá criar um terreno de jogo desnivelado, repleto de problemas de distribuição provocados pelo estabelecimento de múltiplos padrões para múltiplas indústrias.

Uma alternativa aos padrões por sector é a proposta de se regular as actividades anteriores e posteriores à empresa. Um programa para as actividades anteriores abrange os produtores de combustível fóssil pelo combustível que vendem. O CELE, por exemplo, abrange apenas a indústria pesada e *utilities* de electricidade. A Regional Greenhouse Gas Initiative (RGGI) abrange apenas o CO_2 de centrais eléctricas da região, mas poderá ser alargada no futuro para abranger outras fontes de GEE. Uma abordagem às actividades posteriores focaliza-se em grandes fontes fixas; e uma abordagem híbrida envolve ambas as actividades. Os defensores de um programa para as actividades anteriores alegam que é necessário que os produtores de combustível fóssil (ou expedidores de gás natural) sejam abrangidos por licenças que igualem as emissões libertadas quando o combustível é queimado, adicionando assim o custo da licença de redução de emissões ao preço do combustível, que será então distribuído por toda a economia.

Saber onde está a mesa

O desafio é saber onde está a mesa. Estão a ser estabelecidos padrões por todo o mundo; aquele que se tornar o "padrão-ouro" irá dizer-lhe a que mesa se sentar. Isto requer que se sente a todas as mesas ou que tente determinar qual será a mais relevante. De facto, tem de participar nas "apostas em políticas", investir onde vê maior impacto e mais benefícios.

Por exemplo, poderia envolver-se na RGGI. Poderia fazer lóbi na Califórnia à medida que o California Air Resources Board começar a desenvolver regras de apresentação de relatórios para o Assembly Bill 32. Poderia fazer lóbi nos estados que desenvolveram metas de redução de emissões de GEE, planos de acção para o clima, regulamentações que obrigam empresas de geração de electricidade a fazê-lo recorrendo cada vez mais a energias alternativas ou incentivos ao uso do etanol. Para evitar completamente uma mistura de regulamentações estaduais, poderia deslocar-se para o nível federal e depor numa das comissões do Congresso que até agora têm efectuado auscultações. Poderia fazer lóbi sobre um dos muitos projectos relacionados com o clima que irão ser levados a votação nos EUA. Poderia participar em debates no Reino Unido, no Japão ou noutro dos muitos países que ratificaram o

Protocolo de Quioto. Poderia deslocar-se para o nível internacional e envolver-se na CQNUAC à medida que esta discute que regras serão estabelecidas quando o Tratado de Quioto expirar. É importante que se envolva em níveis nos quais poderá ter maior impacto. Se for uma empresa regional, talvez o nível estadual seja um bom começo. Por outro lado, se for uma grande multinacional, sugere-se que se envolva em diálogos internacionais, assim como nos debates nacionais sobre as alterações climáticas.

Mas é evidente que implicaria um enorme consumo de recursos marcar presença em todas estas mesas. Para ser eficiente, poderia considerar juntar-se a um dos muitos grupos de indústrias que se estão a constituir para participar em diferentes níveis nestas inúmeras negociações. Poderia envolver-se na CCX à medida que esta continua a estabelecer os seus protocolos de comércio de GEE. Poderia juntar-se ao USCAP, ao BELC, à GROCC ou a uma das muitas associações empresariais que se estão a envolver nesta questão. Outras empresas envolvem-se activamente em grupos de investidores, como a Ceres, o Interfaith Center on Corporate Responsibility (ICCR) e o Carbon Disclosure Project (CDP), que se dedicam a estes assuntos.

Como deverá ser evidente, o contexto está a mudar rapidamente e há muito em jogo. O modo como se envolve no processo é menos importante do que a realidade de que *tem* de se envolver no processo. Como irá jogar o jogo dos GEE? Pode sentar-se nas bancadas e deixar os seus concorrentes estabelecer as regras por si. Ou pode entrar no jogo e dar a conhecer os seus interesses.

PRÓXIMAS ETAPAS

A distorção do mercado de energia artificialmente barata está a chegar ao fim. As alterações climáticas estão a obrigar os mercados a criar um valor para o carbono que irá alterar praticamente todos os aspectos da economia. Isto irá levar os inovadores a olhar de forma diferente para a utilização da energia, à procura de soluções onde anteriormente não foram analisadas. Como Edwin Land gostava de dizer, "não é que precisemos de novas ideias, precisamos é de deixar de ter velhas". Ver as coisas de forma diferente é a chave para a inovação em muitos produtos e processos tidos como garantidos à nossa volta. Automóveis que recolhem energia quando travam; elevadores que utilizam os mesmos princípios quando descem; plásticos feitos de materiais celulósicos e que são biodegradáveis; máquinas de lavar roupa que utilizam menos 65 por cento de água e energia mas que lavam de forma mais eficaz; máquinas de lavar loiça que podem ser programadas para funcionar quando a procura de energia é menor.

Estas tecnologias estão aqui agora e a transição de mercado que as tornará ainda mais lucrativas já está em andamento. Estão a emergir riscos e oportunidades; estão a tornar-se evidentes os vencedores e os vencidos. Como explica Linda Fisher, "temos de compreender, medir e avaliar as oportunidades de mercado. Como é que se sabe e comunica que produtos terão sucesso num mundo com restrições de gases com efeito de estufa? Quais devem ser os alvos da nossa investigação? Conseguimos encontrar formas criativas de utilizar energias renováveis? Conseguimos alterar comportamentos da sociedade através de produtos e tecnologias? A empresa que responder com sucesso a estas questões será a vencedora."[30]

Esta é uma questão para todas as empresas, porque todas estão a ser afectadas a vários níveis pelas alterações climáticas. O leitor tem a obrigação fiduciária e de gestão de avaliar a exposição da sua empresa para decidir que tipo de acção relativa ao clima é sensata. Não fazer nada significa perder inúmeras oportunidades financeiras no futuro próximo e preparar-se para desafios políticos, operacionais e financeiros de longo prazo. Olhando para o futuro, há três impulsionadores-chave que têm de ser considerados sinais da transição de mercado que está a ocorrer:

- **Estabelecimento de regulamentações.** Assim que as políticas estiverem em vigor, o contexto de negócios altera-se radicalmente. Surgem sinais do mercado que irão impulsionar a tecnologia e os produtos na direcção de uma pegada de carbono reduzida. As políticas que estabelecem um preço para o carbono são directas (por exemplo limites para as emissões de carbono) e indirectas (por exemplo regulamentações que obrigam empresas de geração de electricidade a fazê-lo recorrendo cada vez mais a energias alternativas). O *timing* desta mudança torna-se uma preocupação fundamental. David Hone, conselheiro na Shell sobre questões relacionadas com as alterações climáticas, explica: "A chave é influenciar as regras do jogo e determinar a altura da sua mudança para uma nova estratégia de controlo do carbono. É saber qual é a próxima tecnologia para a produção de energia e mudar quando o mercado estiver preparado para o recompensar. Não vamos abandonar o negócio do petróleo no futuro próximo. (...) [Tem de se interrogar] Qual é o iPod para a energia? Já se encontra por aí? Tem de estar atento."[31] Os governos também irão alterar os mercados ao fornecer apoio para investigação e desenvolvimento (I&D) em tecnologias de ponta que irão proporcionar reduções nas emissões de carbono (como carvão limpo; sequestro de carbono; gás sintético; e energia eólica, solar e até nuclear).

Num inquérito efectuado pela *CEO Magazine* em 2007, 69 por cento dos CEO sentiam que as empresas deveriam receber apoio estatal para investir em inovação de energias alternativas, quer como uma preocupação ambiental, quer como uma questão de segurança energética.[32] A referência destes apoios é bem acolhida por governos de todo o mundo, o que é visível pelas despesas estatais directas com I&D, assim como as alterações em disposições relevantes de códigos contributivos relativas a energia que irão provavelmente fazer aumentar os investimentos do sector privado em I&D de energia.

- **Aumento dos preços da energia.** Este segundo impulsionador terá implicações variadas para diferentes indústrias e empresas. Os preços crescentes da energia ajudam as empresas que promovem mais produtos eficientes a nível energético no mercado. Pelo contrário, representam uma ameaça para as indústrias intensivas a nível de energia. O McKinsey Global Institute refere que a procura global por energia aumentou 1,6 por cento ao ano na última década e que irá aumentar 2,2 por cento ao ano durante os próximos 15 anos. A Agência de Informação de Energia dos Estados Unidos prevê que a procura mundial por petróleo irá aumentar em 47 por cento de 2003 a 2030. Muita desta procura surgirá do apetite crescente dos países em desenvolvimento que precisam de energia para alimentar o seu crescimento contínuo. A economia chinesa, por exemplo, cresceu 9,3 por cento em 2005. Para alimentar este crescimento, a China adicionou 102GW de nova capacidade energética em 2006, mais 25 por cento do que as anteriores estimativas oficiais (90 por cento advém de centrais alimentadas a carvão). A economia indiana cresceu 7,6 por cento; a russa, 5,9. Em comparação, a economia norte-americana cresceu 3,4 por cento. Como a procura ultrapassa a oferta, a economia simples diz-nos que os preços vão subir.

- **Interesse da comunidade de investimento.** Os mercados de energia limpa também estão em crescimento. De acordo com a New Energy Finance*, as receitas anuais combinadas para energia solar fotovoltaica, energia eólica, biocombustíveis e pilhas de combustível** aumentaram cerca de 39 por cento (de 40 mil milhões de dólares em 2005 para 55 mil milhões) em 2006. Outras estimativas colocam os valores num recorde de 70,9 mil milhões de dólares. A Clean Edge, uma empresa de estudo de mercado e de consultoria sobre tecnologias limpas, calcula que estas quatro tecnologias se possam tornar um mercado de 226 mil milhões de dólares em 2016.[33] Só o mercado global de energia eólica cresceu 32 por cento em 2006. E com números como estes, começa a fluir o capital de investimento. Em 2006, o total do investimento norte-americano de capital de risco dedicado a empresas de energia limpa atingiu os 2,4 mil milhões de dólares, acima dos nove por cento de todos os investimentos de capital de risco. Ao anunciar uma reserva de cem milhões de dólares para investimentos em tecnologias de energia mais limpa, transporte, ar e água, o investidor de capital de risco John Doerr da Kleiner Perkins Caufield & Byers afirma que "o ramo das tecnologias verdes poderá ser a maior oportunidade económica do século XXI. Nunca houve uma melhor altura do que agora para se começar ou acelerar um investimento de risco nas tecnologias verdes."[34] Robert Metcalfe, fundador da 3Com e actualmente um investidor de capital de risco, apresenta a questão de uma forma mais directa: "Teria de ser idiota para não se aperceber da grande oportunidade que existe na área da energia."[35]

---

* **N. T.** Organização que fornece informação e análise a investidores, empresas e governos sobre energia limpa, tecnologias com baixo teor de carbono e mercados de carbono.

** **N. T.** O seu princípio de funcionamento é semelhante ao de uma bateria. Estes equipamentos convertem a energia química contida no combustível em energia eléctrica.

Conforme escreveu Matt Richtel no *New York Times*, "a era das *dot-com* de Silicon Valley poderá estar a dar lugar à era das *watt-com*."[36] Mas o capital de investidores requer prudência. Talvez um reflexo do excesso de confiança nesta área, Metcalfe afirma com orgulho: "Vamos resolver o problema da energia em 30 anos, tal como resolvemos o problema da Internet em 30 anos."[37] Existe a preocupação de que este mercado se possa tornar sobreaquecido à medida que muito capital procura investir em muito poucas oportunidades. Mas, por agora, o crescimento continua. A Fundação X Prize ofereceu um prémio de 25 milhões de dólares ao primeiro grupo que crie e construa um automóvel comercialmente viável que consiga percorrer pelo menos 160 quilómetros por galão. Talvez este optimismo contenha um pouco de entusiasmo excessivo, mas à medida que o carbono começar a desenvolver um preço, os sinais do mercado irão levar todos os segmentos da sociedade a considerar a energia e a eficiência energética com mais cuidado.

Com estes três impulsionadores-chave a aumentar a pressão para se agir relativamente ao clima, há duas questões que irão conquistar maior atenção nos círculos empresariais relacionados com as alterações climáticas. A primeira é a adaptação. A segunda é a ligação entre responsabilidade fiduciária e alterações climáticas.

A adaptação é a próxima tendência

Até agora, foi dada muito pouca atenção aos aspectos físicos das alterações climáticas. No entanto, se acreditar nos cientistas, esta é uma preocupação e uma oportunidade que ultrapassa as forças reguladoras do mercado. Invernos mais amenos e Verões mais quentes irão conduzir a um decréscimo líquido da procura por combustíveis fósseis nos EUA, mas a um aumento da procura por fontes de energia "limpas" como gás natural, eólica, biocombustíveis, gás de aterro e solar? Irão as condições de seca tornar a água escassa em muitas áreas, conduzindo a preços mais elevados para algumas colheitas flageladas pela seca e criando desafios aos fornecedores de água? Irão as condições meteorológicas em alteração mudar as estratégias de crescimento de grandes empresas agrícolas aproveitando as novas condições e variedades de plantas? Irá um aumento na frequência de furacões intensos levar a maiores riscos para as infra-estruturas físicas construídas ao longo das regiões costeiras? Estas são questões importantes que se estão a deslocar da área das ciências para a área dos negócios.

A Diavik Diamond Mines Inc. depende das "pontes de gelo" para deslocar equipamento e materiais para as regiões do Norte do Canadá. Contudo, o Inverno de 2006 foi tão ameno que essas "pontes" foram encerradas mais cedo e o gelo não chegou a atingir a espessura suficiente para permitir o transporte dos camiões mais pesados. Assim, a empresa teve de suportar os custos adicionais de expedir os materiais por helicóptero. No Alasca, o período em que é possível viajar na tundra diminuiu de 220 dias em 1970 para cerca de cem dias actualmente. Outros impactos do descongelamento da tundra incluem deslocamento de fundações para condutas, edifícios e plataformas de perfuração. Mais a sul, as temperaturas cada vez mais quentes podem conduzir a furacões mais extremos, como o Katrina e o Rita, que causaram danos significativos em operações de perfuração e refinação de petróleo no Golfo.

Empresas de energia como a Exelon acreditam que as temperaturas crescentes irão alterar as previsões operacionais e de mercado para a procura e a oferta de electricidade, especialmente para a procura em picos de consumo. Este risco é agravado pela possibilidade de o aumento da gravidade das tempestades danificar sistemas fundamentais de geração, distribuição e transmissão e de levar a custos de manutenção e de capital mais elevados. Para se preparar, a Exelon criou procedimentos de emergência no caso de acontecerem disrupções relacionadas com as condições meteorológicas e está à espera de aumentos nos custos e nos prazos de entrega para determinadas provisões. Os custos de algumas provisões poderiam ser 30 a 40 milhões de dólares superiores em 2006 em comparação com 2005 devido aos efeitos que se seguiram à passagem dos furacões Rita e Katrina.

No início de 2007, a State Farm anunciou que não iria disponibilizar seguros sobre propriedades comerciais e residenciais no estado norte-americano do Mississípi devido às indemnizações reclamadas em resultado do Furacão Katrina. Bob Trippel, *senior vice president* da State Farm, afirmou que "não é sensato correr riscos adicionais num ambiente legal e de negócios que se está a tornar mais imprevisível".[38] O Furacão Katrina foi um indício do que está para vir em termos de impactos físicos das alterações climáticas. A State Farm segurava mais de 30 por cento das residências no Mississípi. Como se torna evidente pelos exemplos, as mudanças no clima já estão a alterar os parâmetros de funcionamento de empresas nas regiões mais sensíveis do mundo. Como é que estas mudanças poderão afectar a sua empresa?

As alterações climáticas irão mudar as suas responsabilidades fiduciárias enquanto CEO?

Em Março de 2007, um grupo chamado Investors and Business for U.S. Climate Action* solicitou à Securities and Exchange Commission (SEC)** que divulgasse linhas de orientação sobre o nível de

* **N. T.** Investidores e Negócios pela Acção para o Clima por parte dos Estados Unidos.
** **N. T.** Entidade reguladora do mercado de capitais nos EUA; corresponde à CMVM em Portugal.

pormenor que as empresas deveriam apresentar nos seus relatórios financeiros relativamente ao risco perante as alterações climáticas. Este pedido foi motivado por um desejo de diminuir a incerteza dos investidores através da padronização de um contexto regulador cada vez mais complexo. Este é o futuro das alterações climáticas como uma tarefa de negócios: integrar as alterações climáticas no relatório financeiro e no controlo orçamental.

No centro da apresentação está a questão da "materialidade" das emissões de GEE segundo a Regulação S-K e a Lei Sarbanes-Oxley*. Segundo a Secção 302 da Lei Sarbanes-Oxley, o CEO e o director financeiro têm de assinar uma declaração que garante que a informação fornecida "apresenta correctamente em todos os aspectos materiais" a condição e os resultados financeiros da empresa. Esta declaração aplica-se a todos os que trabalham sob a sua direcção, incluindo conselheiros internos e externos, responsáveis pelo cumprimento das normas ambientais, gestores de fábrica e consultores externos.

Muitos acreditam agora que os riscos legais relacionados com o clima para as empresas e para os membros do seu conselho de administração estão a aumentar. Esta possibilidade não é apenas hipotética. No caso *Connecticut v. American Electric Power*, oito estados norte-americanos e a cidade de Nova Iorque instauraram um processo contra cinco das maiores empresas de electricidade dos EUA exigindo que reduzissem as suas emissões de CO_2. No caso *California v. General Motors*, o estado da Califórnia instaurou um processo contra seis fabricantes de veículos a motor com base num princípio de perturbação do bem-estar público. E no caso *Comer v. Nationwide Mutual Insurance*, 14 indivíduos instauraram um processo contra oito conhecidas empresas petrolífe-

---

* **N. T.** A primeira é constituída por uma lista do que tem de ser apresentado na parte não financeira das declarações a preencher para a SEC e a segunda determina a boa gestão e a ética nos negócios das empresas.

ras, cem entidades desconhecidas ligadas ao petróleo e refinação e 31 empresas de carvão por danos, com base no princípio de perturbação do bem-estar público, acusando-as de serem responsáveis pela ferocidade do Furacão Katrina.[39] Embora muitos destes casos venham a ser considerados improcedentes (tanto o *California v. General Motors* como o *Comer v. Nationwide Mutual Insurance* já o foram), o seu surgimento é motivo de preocupação entre as firmas de direito empresarial, que estão a aumentar a sua competência em questões relacionadas com as alterações climáticas. O surgimento destes processos está igualmente a deixar preocupadas algumas das maiores seguradoras, que reconsideraram as implicações para a exposição a dívidas de administradores e directores se o risco relativamente ao clima não for devidamente apresentado e/ou resolvido.

As preocupações com as exigências de certificação da Lei Sarbanes--Oxley de 2002, juntamente com as obrigações subjacentes de fornecimento de informações da Regulação S-K e as suas instruções de implementação, estão a fazer com que mais empresas estejam a mencionar as alterações climáticas e os riscos associados nos seus relatórios anuais. Alguns salientam que a importância das alterações climáticas como uma questão de negócios provavelmente irá variar de indústria para indústria e depender do facto de os sistemas de controlo de GEE estarem legislados ou não. Um artigo de 2005 do *NYU Journal of Law & Business* sugeria que, "embora seja pouco provável que os riscos e as oportunidades das alterações climáticas tenham efeitos materiais a curto prazo, (...) as certificações exigidas pela Sarbanes-Oxley irão colocar uma pressão contínua na gestão para explicar e apresentar, em declarações financeiras ou outras, qualquer aspecto do risco resultante das alterações climáticas que se possa dizer correctamente que seja quantificável."[40] Mas nem todos estão à espera dessa regulamentação. Em Setembro de 2007, o Procurador-Geral do estado de Nova Iorque, Andrew Cuomo, agindo de acordo com as disposições alargadas antifraude da Lei Martin de Nova Iorque, enviou cartas e intimações para prestar declarações a cinco empresas de electricidade alimentadas a carvão a solicitar documentos internos e a interrogar se tinha sido fornecida aos investidores informação adequada sobre as fragilidades financeiras que poderiam resultar das emissões de CO_2 nas centrais eléctricas que estavam planeadas. As penalizações por não se fornecer uma apresentação correcta da situação financeira e operacional da empresa aos accionistas de acordo com a Sarbanes-Oxley podem levar a multas até um milhão de dólares e dez anos de cadeia para um director que *conscientemente* certificar um relatório que não cumpre as exigências aplicáveis. Essas penalizações podem atingir os cinco milhões de dólares e 20 anos de cadeia se um director *deliberadamente* certificar um relatório que não cumpre as exigências.

Se escolher não considerar as alterações climáticas relevantes para a avaliação da sua empresa e dos seus activos, grupos em Wall Street poderão fazê-lo por si. Por exemplo, a Innovest criou o "beta* de carbono" para relacionar sistematicamente os riscos e as oportunidades relacionados com o clima. Utilizando informação da própria empresa, incorpora três factores abrangentes nas decisões de financiamento da mesma: (1) o custo da exposição de uma empresa ao carbono como percentagem das receitas (que pode chegar aos dez por cento a 20 dólares por tonelada); (2) o risco geográfico de exposição da empresa (ou seja, se uma empresa opera num país que ratificou o Protocolo de Quioto ou num, como os EUA, onde poderá estar exposta a processos judiciais); (3) factores específicos da empresa, como intensidade da energia e trajectória tecnológica. Como afirmou o analista da Innovest Doug Morrow, "a exposição elevada ou reduzida às alterações climáticas ainda não tem um preço determinado nos mercados de rendimento

---

* **N. T.** No âmbito da bolsa de valores, é uma medida matemática da volatilidade das taxas de rendibilidade de determinada acção em comparação com as taxas de rendibilidade do mercado no global.

fixo ou de acções, portanto existe um potencial de excelente desempenho em produtos que utilizem investigação especializada para lidar com estes factores".[41] Em Maio de 2006, a Innovest estabeleceu uma parceria com o UBS para oferecer um fundo de obrigações baseado na sua metodologia de beta de carbono.

Contabilistas e não ambientalistas

Portanto, no fundo não precisa de procurar glaciares a derreter ou analisar o mais recente relatório do PIAC para saber que as alterações climáticas já estão a acontecer. Basta olhar para o seu mercado, para os seus concorrentes e para o seu quadro de cotações. Algumas associações empresariais e lobistas ainda questionam a ciência das alterações climáticas, mas são cada vez menos. E as próprias empresas estão a focalizar-se nos aspectos económicos inegáveis do problema. Enquanto algumas se estão a adaptar devido a uma necessidade operacional para o futuro próximo, outras estão a agir para mitigar vulnerabilidades estratégicas de longo prazo; e as que olham mais longe no futuro estão a aproveitar novas oportunidades de negócio proporcionadas pelas alterações climáticas e a criar formas de ter lucro a partir de energia limpa e tecnologia eficiente. À medida que as empresas começarem a investir nesta área e a aproveitar as oportunidades, o debate público irá continuar a mudar, mas mais rapidamente. A estranha realidade é que, embora as avaliações científicas do PIAC ainda possam encontrar algum cepticismo por parte do público, as avaliações das empresas de que as alterações climáticas são uma preocupação verdadeira vão persuadir muitos. Se as empresas estão a investir nesta questão, então tem de ser verdade.

ACRÓNIMOS

AB 32: Assembly Bill 32 [Projecto de Lei 32] (Califórnia)
AIE: Agência Internacional de Energia
BELC: Business Environmental Leadership Council (Pew Center) [Conselho Empresarial de Liderança Ambiental do Pew Center]
BTU: British Thermal Unit [equivale aproximadamente entre 1054 e 1060 joules]
CAC: Captura e Armazenamento de Carbono
CAFE: Corporate Average Fuel Economy [Poupança Média do Consumo nas Empresas. Os padrões CAFE estipulam uma poupança média do consumo de combustíveis nas empresas.]
CalPERS: California Public Employees Retirement System [Fundo de Pensões dos Funcionários Públicos da Califórnia]
CARB: California Air Resources Board [Conselho de Qualidade do Ar da Califórnia]
CCAR: California Climate Action Registry [Organização sem fins lucrativos que funciona como um registo voluntário de gases com efeito de estufa, para proteger e promover acções precoces a fim de reduzir as emissões de gases com efeito de estufa por parte de organizações.]
CCX: Chicago Climate Exchange [Bolsa do Clima de Chicago]
CELE: Comércio Europeu de Licenças de Emissão
CER: Créditos de Energias Renováveis
CH_4: metano
CNO: Chief Energy Officer [Director para a Energia]
CO_2: dióxido de carbono
CO_2e: equivalente de dióxido de carbono

CQNUAC: Convenção-Quadro das Nações Unidas sobre Alterações Climáticas

DOE: U.S. Department of Energy [Departamento de Energia norte-americano]

EIA: Energy Information Agency [Agência de Informação de Energia dos Estados Unidos] (pertencente ao DOE)

EPA: Environmental Protection Agency [Agência de Protecção Ambiental dos Estados Unidos]

EUA: European Union Allowances [Licenças de Emissão da União Europeia]

GEE: Gases com Efeito de Estufa

GHGRS: Greenhouse Gas Risk Solutions (departamento) [Soluções para o Risco de Gases com Efeito de Estufa]

GNCC: Gás Natural de Ciclo Combinado

GROCC: Global Roundtable on Climate Change [Mesa Redonda Global sobre Alterações Climáticas]

Gt: gigatonelada (mil milhões de toneladas)

HFC: hidrofluorocarbonetos

IC: Implementação Conjunta

ICCR: Interfaith Center on Corporate Responsibility [Centro Inter-religioso sobre Responsabilidade Empresarial]

IETA: International Emissions Trading Association [Associação Internacional de Comércio de Licenças de Emissões]

IGCC: Ciclo Combinado de Gaseificação Integrada [Sigla comummente utilizada em Portugal e que se refere à designação em inglês *Integrated Gasification Combined Cycle.*]

MCE: Monitorização em Contínuo de Emissões

MDL: Mecanismo de Desenvolvimento Limpo

N_2O: óxido nitroso

NCEP: National Commission on Energy Policy [Comissão norte-americana para a Política Energética]

PAG: Potencial de Aquecimento Global

PFC: perfluorocarbonetos
PIAC: Painel Intergovernamental sobre as Alterações Climáticas
PNALE: Plano Nacional de Atribuição de Licenças de Emissão
ppm: partes por milhão
RCE: Reduções Certificadas de Emissão
RGGI: Regional Greenhouse Gas Initiative [Iniciativa Regional sobre Gases com Efeito de Estufa]
SF_6: hexafluoreto de enxofre
STEPS: Shell Tradable Emissions Permit System [Sistema de Comercialização de Licenças de Emissão da Shell]
TiO_2: dióxido de titânio
UQA: Unidades de Quantidade Atribuída
URE: Unidade de Redução de Emissões
USCAP: U.S. Climate Action Partnership [Grupo de empresas e organizações que procuram incitar o governo norte-americano a aprovar legislação que reduza significativamente a emissão de gases com efeito de estufa.]
VER: Verified Emission Reductions [Reduções Verificadas de Emissões; certificados de créditos de carbono não vinculados ao Protocolo de Quioto e negociados em mercado voluntário e paralelo ao das RCE (Reduções Certificadas de Emissão).]
WBCSD: World Business Council on Sustainable Development [Conselho Empresarial Mundial para o Desenvolvimento Sustentável: uma associação de empresas internacionais que procuram conciliar as preocupações ambientais com o desenvolvimento económico sustentável. Foi criada em 1995, a partir da fusão do Business Council for Sustainable Development (BCSD) com o World Industry Council for the Environment (WICE) e tem a sua sede na Suíça.]
WRI: World Resources Institute [Instituto Mundial dos Recursos Naturais. Tem como objectivo ajudar as sociedades a satisfazerem as necessidades humanas e a fomentarem o crescimento económico no respeito pelos recursos naturais e pela integridade do meio ambiente.]

GLOSSÁRIO

1605(b): De acordo com a Energy Policy Act (EPAct)* de 1992, programa da Secção 1605(b), as empresas são encorajadas pelo Departamento de Energia dos Estados Unidos a dar voluntariamente conhecimento de actividades efectuadas com vista à redução das emissões de GEE ou ao sequestro de carbono. As empresas poderão querer dar conhecimento destas actividades para obterem reconhecimento do que alcançaram (tanto por parte dos reguladores como dos *stakeholders***), fornecerem informação ao debate público sobre as alterações climáticas ou participarem em trocas educacionais.

Ciclo Combinado de Gaseificação Integrada (IGCC): As fábricas IGCC gaseificam desperdícios de carvão, biomassa ou petróleo (geralmente a partir de processos de refinação) sem queimar a matéria-prima. O gás é então queimado numa turbina a gás e o calor libertado é utilizado para criar o vapor que fará mover uma outra turbina. O dióxido sulfúrico e outras impurezas residuais são retirados antes da combustão do gás. O processo utiliza menos água e produz aproximadamente menos 50 por cento de desperdício sólido do que as fábricas convencionais abastecidas a carvão (que queimam carvão pulverizado para criar vapor) e produz um vapor de dióxido de carbono puro que pode ser separado e capturado com uma penalização energética menor e com custos incrementais mais reduzidos no caso de fábricas de carvão pulverizado. Outro benefício é o potencial de remoção de mercúrio a custos menores do que em fábricas convencionais abastecidas a carvão.

---

* **N. T.** Lei norte-americana relativa à política energética.

** **N. T.** Partes interessadas.

Clorofluorocarbonetos (CFC): Compostos de cloro, flúor e carbono. Os CFC são muito estáveis na troposfera, mas a luz ultravioleta forte na estratosfera faz com que libertem átomos de cloro que destroem a camada de ozono. Os CFC são frequentemente utilizados como refrigeradores, solventes e agentes de moldagem de espuma. Estão a decorrer programas internacionais de abandono gradual destes químicos, sendo o mais importante o Protocolo de Montreal de 1987 e suas revisões subsequentes. Os CFC são igualmente considerados gases com efeito de estufa e estão abrangidos por decisões de redução no âmbito do Protocolo de Quioto de 1997.

Comércio de emissões: Um mecanismo de mercado que permite que os emissores (países, empresas ou fábricas) comprem ou vendam emissões ("autorizações" ou "créditos") a outros emissores. Espera-se que o comércio de emissões diminua os custos de cumprir as metas de emissões ao permitir que aqueles que conseguem alcançar reduções de forma menos dispendiosa vendam o seu excesso de reduções (por exemplo excesso de reduções relativamente ao exigido por determinada regulamentação) àqueles para quem alcançar as reduções acaba por ser mais caro.

Emissões directas: Emissões de fontes que são propriedade do relator.

Emissões indirectas: Emissões de fontes que não são propriedade do relator, mas que são provocadas por acções da parte dele. A fonte principal de emissões indirectas é a compra ou venda de electricidade. Outra fonte de emissões indirectas poderá incluir emissões causadas por utilização de produtos (por exemplo as emissões calculadas dos veículos da GM em circulação nos EUA ou das máquinas de lavar e secar roupa da Whirlpool, também nos EUA). Existem problemas evidentes com estas medições. Por exemplo, há o perigo real da dupla contabilização se tanto a empresa que fornece como a entidade que compra a electricidade contabilizarem as emissões para o mesmo quilowatt. A pergunta-chave torna-se: Quem é o "proprietário" das emissões que derivam da geração de energia para outros?

Equivalente de dióxido de carbono (CO_2e): Uma medida utilizada para comparar emissões de vários gases com efeito de estufa, tendo por base o seu potencial de aquecimento global (PAG). Os equivalentes de dióxido de carbono são geralmente expressos em milhões de toneladas de equivalentes de dióxido de carbono. Fornecem um padrão universal de medição segundo o qual podem ser avaliados os impactos da libertação (ou o impedimento da libertação) de diferentes gases com efeito de estufa. Cada gás com efeito de estufa possui um PAG, uma medida do impacto que determinado gás tem – ou seja, o calor/a energia adicional que é retido/a no ecossistema da Terra através da adição deste gás na atmosfera. O PAG de determinado gás descreve o seu efeito na alteração do clima em relação a quantidades semelhantes de dióxido de carbono e é dividido num horizonte temporal tripartido de 20, 100 e 500 anos. Como unidade de base, o valor do dióxido de carbono é de 1,0 em cada horizonte temporal. Isto permite que os gases com efeito de estufa regulados pelo Protocolo de Quioto sejam convertidos na unidade comum de CO_2e. Os potenciais de aquecimento global dos gases com efeito de estufa regulados pelo Protocolo de Quioto para um período de cem anos são os seguintes: o dióxido de carbono (CO_2) possui um PAG de 1; o metano (CH_4) tem um PAG de 23; o óxido nitroso (N_2O) tem um PAG de 296; os hidrofluorocarbonetos (HFC) possuem um PAG que vai desde 140 para o HFC-152a a 11 700 para o HFC-23; os perfluorocarbonetos têm um PAG entre 6500 e 9200; e o hexafluoreto de enxofre (SF_6) tem um PAG de 23 900.

Gases com efeito de estufa: Existem seis gases com efeito de estufa principais. Os que tanto ocorrem naturalmente como são fabricados incluem o *dióxido de carbono* (CO_2), o *metano* (CH_4) e o *óxido nitroso*

(N_2O). Os gases com efeito de estufa que não ocorrem naturalmente incluem os *hidrofluorocarbonetos* (HFC), os *perfluorocarbonetos* (PFC) e o *hexafluoreto de enxofre* (SF_6).

Hidroclorofluorcarbonetos (HCFC): Gases industriais sintéticos constituídos por hidrogénio, cloro, flúor e carbono. Estão a ser utilizados como substitutos comerciais dos clorofluorocarbonetos (CFC), principalmente para refrigeração, mas também como agentes de moldagem para isolar espumas plásticas, extintores de incêndios e solventes. Não existem fontes naturais de HCFC. Estes compostos empobrecem o ozono estratosférico, apesar de a um grau muito menor do que os CFC. A produção e o consumo destes gases são controlados segundo o Protocolo de Montreal.

Hidrofluorocarbonetos (HFC): Utilizados como substitutos dos CFC numa variedade de processos industriais, incluindo no fabrico de semicondutores (gravação de plasma e câmaras de limpeza de ferramentas), refrigeração e protecção contra incêndios. O tempo de permanência dos HFC na atmosfera varia entre cerca de 1,5 anos para o HFC-152a e mais de 250 anos para o HFC-23. Os HFC encontram-se entre os seis gases com efeito de estufa a sofrerem limitações pelo Protocolo de Quioto.

Implementação Conjunta (IC): O Protocolo de Quioto estabelece este mecanismo através do qual as Partes do Anexo I (listadas no Anexo B do Protocolo de Quioto) podem receber unidades de redução de emissões quando ajudarem a financiar projectos que reduzam as emissões líquidas em outro país Parte do Anexo I.

Mecanismo de Desenvolvimento Limpo (MDL): Concebido para promover um desenvolvimento sustentável nos países desenvolvidos e apoiar as Partes do Anexo I no cúmprimento dos seus compromissos relativos à redução de emissões de gases com efeito de estufa. Permite que países industrializados invistam em projectos de redução de emissões em países em vias de desenvolvimento e recebam créditos pelas reduções alcançadas.

Óxido nitroso (N_2O): O N_2O encontra-se entre os seis gases com efeito de estufa a sofrerem limitações pelo Protocolo de Quioto. O N_2O ocorre naturalmente, contudo também existem emissões substanciais provocadas por actividades humanas como a agricultura, a produção industrial de ácido nítrico e de ácido adípico e a queima de combustíveis fósseis. O tempo de permanência do N_2O na atmosfera situa-se acima dos cem anos e o seu PAG é de 310.

Potencial de Aquecimento Global (PAG): *Ver* Equivalente de CO_2 (CO_2e).

Protocolo de Quioto: Acordo internacional adoptado em Dezembro de 1997. O Protocolo estabelece metas de emissão obrigatórias para países desenvolvidos, que irão reduzir as suas emissões em média 5,2 por cento abaixo dos níveis de 1990.

Reduções Certificadas de Emissão (RCE): Reduções de gases com efeito de estufa obtidas por um projecto de Mecanismo de Desenvolvimento Limpo (MDL). Uma RCE pode ser vendida ou ser contabilizada nos compromissos de emissões dos países do Anexo I. As reduções têm de ser adicionais a quaisquer outras que ocorreriam igualmente noutras circunstâncias.

Reduções no exterior do sistema:* Reduções de emissão de GEE que são alcançadas fora do âmbito das operações da empresa, nomeadamente através de projectos de reflorestação (sequestro biológico) ou projectos de conservação de energia efectuados pelos clientes.

* **N. T.** No original, *off-system reductions.*

Reduções no interior do sistema:* Reduções de emissão de GEE que são alcançadas no âmbito das operações da empresa, nomeadamente através de projectos de melhoria da taxa de calor em estações de geração de electricidade, projectos de demonstração de energias renováveis ou implementação de veículos híbridos.

Sequestro: Oportunidades para remover CO_2 da atmosfera, quer através de processos biológicos (por exemplo plantas e árvores) ou de processos geológicos (por exemplo armazenamento de CO_2 em reservatórios subterrâneos.)

Sequestro geológico: Injecção sob pressão de CO_2 capturado em formações geológicas estáveis onde se espera que permaneça indefinidamente.

Válvula de segurança: Uma limitação de preço no âmbito do programa de limitação e comércio de emissões**, no qual os participantes podem adquirir licenças de emissão ao Estado a um preço de "válvula de segurança" no caso de os preços de mercado excederem essa válvula. Isto irá diminuir os riscos de choques económicos criados por preços de licenças de emissão inesperadamente elevados, ao mesmo tempo que diminui os riscos de um programa ser enfraquecido se surgirem preços elevados (como aconteceu no mercado RECLAIM da Califórnia, onde os preços NO_x ultrapassaram os 40 mil dólares/tonelada, fazendo com que o programa fosse encerrado). Um programa deste género é muitas vezes referido como "híbrido", combinando elementos de um programa de limitação e comércio de emissões com os de um imposto sobre as emissões.

Glossário original adaptado de A. Hoffman: *Getting Ahead of the Curve: Corporate Strategies That Address Climate Change* (Arlington, Virgínia: The Pew Center for Global Climate Change, 2006).

---

* **N. T.** No original, *on-system reductions.*

** **N. T.** No original, *cap-and-trade program.*

NOTAS

1. P. Enkvist, T. Nauclér e J. Rosander, "A Cost Curve for Greenhouse Gas Reduction", *McKinsey Quarterly*, n.º 1 (2007): 1-7.
2. U.S. Mayors Climate Protection Agreement, reunião da 73rd Annual U.S. Conference of Mayors, Chicago, 2005, http://www.usmayors.org/climateprotection/documents/mcpAgreement.pdf.
3. D. Crane, "Canada Needs to Develop a Clear Plan on Kyoto." *Toronto Star*, 18 de Setembro de 2004, sec. D.
4. Convenção-Quadro das Nações Unidas sobre Alterações Climáticas, 1992.
5. "If the Cap Fits", *Wall Street Journal*, 26 de Janeiro de 2007, sec. A.
6. M. Dalton, "Group Seeks Greenhouse-Gas Cuts", *Wall Street Journal*, 21 de Fevereiro de 2007, sec. B.
7. E. Luce, "US Business Lobbies for Emissions Cuts", *Financial Times*, 19 de Março de 2007, sec. A.
8. A. Hoffman, *Getting Ahead of the Curve: Corporate Strategies That Address Climate Change* (Arlington, Virgínia: The Pew Center on Global Climate Change, 2006).
9. *Ibid.*
10. Para mais sobre a estrutura de políticas ambientais do Goldman Sachs ver http://www.gs.com/our_firm/our_culture/.
11. A. Semuels, "BofA Plan Has a Payoff for the Ecosystem", *Los Angeles Times*, 6 de Março de 2007, sec. A.
12. "Citi Targets $50 Billion over 10 Years to Address Global Climate Change", *Press Release* do Citigroup, 8 de Maio de 2007.
13. Para mais sobre o "Commitment to the Environment" do Morgan Stanley ver http://www.morganstanley.com/about/company/csr/commitment-to-environment.html.

14. Hoffman, *Getting Ahead of the Curve.*
15. Shell International Limited, "Shell Global Scenarios to 2025", 2005; para mais informação ver http://www.shell.com/home/Framework?siteId=aboutshell-en&FC2=&FC3=/aboutshell-en/htm/iwgen/our_strategy/shell_global_scenarios/dir_global_scenarios_07112006.html.
16. Hill & Knowlton, *Return on Environment* (Nova Iorque: Hill & Knowlton, 2007).
17. Hoffman, *Getting Ahead of the Curve.*
18. *Ibid.*
19. http://www.hybridcars.com/corporate-incentives.html, acedido a 3 de Março de 2006.
20. Hoffman, *Getting Ahead of the Curve.*
21. *Ibid.*
22. *Ibid.*
23. R. Gupta, S. Kazi e J. Cheatle, "Newest Biggest Deal", *Down to Earth* 14, n.º 12 (Novembro de 2005).
24. J. Nesmith, "Rejection of Kyoto Treaty on Climate May Leave U.S. Companies Out in Cold", *Atlanta Journal*, 27 de Julho de 2002, 8G e CantorCO2.com (2001).
25. Hoffman, *Getting Ahead of the Curve.*
26. T. Lyon e J. Maxwell, *Corporate Environmentalism and Public Policy* (Cambridge: Cambridge University Press, 2004).
27. A. Hoffman, *From Heresy to Dogma: An Institutional History of Corporate Environmentalism* (Stanford, Califórnia: Stanford University Press, 2001), 187.
28. Hoffman, *Getting Ahead of the Curve.*
29. *Ibid.*
30. *Ibid.*
31. *Ibid.*
32. "Confidence Continues Strong Streak", *CEO Magazine*, 17 de Março de 2007.

33. J. Makower, R. Pernick e C. Wilder, *Clean Energy Trends 2007* (São Francisco: Clean Edge Inc., 2007), http://www.cleanedge.com/reports/Trends2007.pdf, consultado a 07/03/2007.
34. T. Chea, "Doerr Firm Invests in 'Green Technology'", *USA Today online*, 10 de Abril de 2006, http://www.usatoday.com/tech/news/2006-04-10-green-venture-capitalist_x.htm, consultado a 22/06/2006.
35. *Ibid.*
36. M. Ritchel, "Start-Up Fervor Shifts to Energy in Silicon Valley", *New York Times*, 14 de Março de 2007, sec. A.
37. M. Ritchel, "For Internet Barons, Uncharted Investment Territory", *New York Times*, 7 de Março de 2007, sec. H.
38. "State Farm Announces It Will Suspend Writing Homeowners and Commercial Policies in Mississippi", *Press Release*, Fevereiro de 2007, http://www.statefarm.com/about/media/media_releases/mississippi_home.asp.
39. Informação sobre *CT v. AEP* de T. Semans e T. Juliani, "Succeeding in a Carbon-Constrained World", *Corporate Strategy Today*, 21 de Julho de 2006; informação sobre *Comer* e *CA v. GM* de J. Smith, "The Implications of the Kyoto Protocol and the Global Warming Debate for Business Transactions", *NYU Journal of Law & Business* 1, n.º 2 (2005): 511, 550.
40. Smith, "The Implications of the Kyoto Protocol"; ver também K. Ewing, J. Hutt e E. Petersen, "Corporate Environmental Disclosures: Old Complaints, New Expectations". *Business Law International* 5, n.º 3 (2004): 459-515.
41. C. Deutsch, "Wall St. Develops the Tools to Invest in Climate Change", *New York Times*, 24 de Maio de 2006, sec. C.

REFERÊNCIAS SELECCIONADAS

Bradsher, K. "Outsize Profits, and Questions, in Effort to Cut Warming Gases". *New York Times*, 21 de Dezembro de 2006: A1.

Capoor, K., e P. Ambrosi. *State and Trends of the Carbon Market 2007*. Washington, DC: World Bank Institute, 2007.

Carbon Mitigation Initiative. *Stabilization Wedges: A Concept Game*. Princeton: Princeton University, 2007. http://www.princeton.edu/~cmi/.

Cogan, D. *Corporate Governance and Climate Change: Making the Connection*. Boston, Massachusetts: Ceres Inc., 2006.

Deloitte Research. *Which Way to Value? The U.S. Power and Utility Sector, 2005-2010*. Washington, DC: Deloitte Development LLC, 2005.

Enkvist, P., T. Nauclér, e J. Rosander. "A Cost Curve for Greenhouse Gas Reduction". *The McKinsey Quarterly*, n.º 1 (2007): 1-7.

Hoffman, A. *Getting Ahead of the Curve: Corporate Strategies That Address Climate Change*. Arlington, Virgínia: The Pew Center on Global Climate Change, 2006.

Larsen, J. *Global Warming Legislation in the 110th Congress*. Washington, DC: World Resources Institute, 2007. http://www.wri.org/climate/topic_content.cfm?cid=4265.

Moran, M., A. Cohen, N. Swem, e K. Shaustyuk. "Portfolio Strategy: The Growing Interest in Environmental Issues Is Important to Both Socially Responsible and Fundamental Investors". Nova Iorque: Goldman Sachs, 26 de Agosto de 2005.

National Commission on Energy Policy. *Energy Policy Recommendations to the President and the 110th Congress*. Washington, DC: National Commission on Energy Policy, 2007.

Pacala, S., e R. Socolow. "Stabilization Wedges: Solving the Climate Problem for the Next 50 Years with Current Technologies". *Science 305* (Agosto de 2004): 968-972.

Paltsev, S., J. M. Reilly, H. D. Jacoby, A. C. Gurgel, G. E. Metcalf, A. P. Sokolov, e J. F. Holak. *Assessment of U.S. Cap-and-Trade Proposals.* Relatório n.º 146. Cambridge, Massachusetts: MIT Joint Program of the Science and Policy of Global Change, 2007.

Rabe, B. *Greenhouse and Statehouse: The Evolving State Government Role in Climate Change.* Arlington, Virgínia: Pew Center on Global Climate Change, 2002.

Stern, N. *Stern Review on the Economics of Climate Change.* Cambridge: Cambridge University Press, 2007. http://www.hm-treasury.gov.uk/independent_reviews/stern_review_economics_climate_change/stern_review_report.cfm.

The United Nations Intergovernmental Panel on Climate Change. *4th Assessment Report.* Fevereiro de 2007.

USCAP. *A Call for Action.* Washington, DC: U.S. Climate Action Partnership, 2007. http://www.us-cap.org.

WBCSD. *Policy Directions to 2050.* Genebra: World Business Council for Sustainable Development, 2007.

SOBRE OS AUTORES

Andrew (Andy) Hoffman é professor de Empreendimentos Sustentáveis na Universidade do Michigan, uma disciplina criada com o apoio da Holcim (US); desempenha o mesmo cargo na Stephen M. Ross School of Business e na School of Natural Resources & Environment. Ainda enquadrado nesta função, é Administrador Associado do Frederick A. and Barbara M. Erb Institute for Global Sustainable Enterprise. Publicou seis livros e mais de 50 artigos/capítulos de livros sobre questões ambientais e sociais na sua relação com as empresas. Recebeu o prémio Faculty Pioneer/Rising Star de 2003 atribuído pelo World Resources Institute e pelo Aspen Institute. O seu livro *From Heresy to Dogma* recebeu em 2001 o Rachel Carson Prize, atribuído pela Society for Social Studies of Science. Fez um doutoramento no Massachusetts Institute of Technology, concedido em conjunto com a Sloan School of Management e o Department of Civil and Environmental Engineering; obteve também um bacharelato em Engenharia Química na Universidade de Massachusetts em Amherst. Antes de trabalhar no meio académico, esteve ao serviço da Agência de Protecção Ambiental norte-americana, da Metcalf & Eddy Environmental Consultants, da T&T Construction & Design e da Amoco Corporation. Faz parte do conselho consultivo do Oakwood Healthcare System, do Museu de Arte da Universidade do Michigan, do Earth Portal, do Center for Environmental Innovation e da Canopy Partnership, assim como do conselho editorial da revista *Organization & Environment*.

John Woody é *Deal Associate* na MMA Renewable Ventures (São Francisco), onde trabalha no desenvolvimento e financiamento de projectos de energia renovável e de eficiência energética. Antes de colaborar com a MMA, foi *Business Solutions Fellow* no Pew Center on Global Climate Change. Trabalhou com o Business Environmental Leadership Council (BELC) do mesmo centro – a maior associação em solo norte-americano dedicada à concepção de soluções relativamente às alterações climáticas – sobre soluções empresariais, tecnológicas e políticas para a redução das emissões de gases com efeito de estufa. Ainda no Pew Center, trabalhou na produção de *Getting Ahead of the Curve: Corporate Strategies That Address Climate Change*, um relatório com o objectivo de analisar o desenvolvimento e a implementação de estratégias empresariais que lidam com os riscos e as oportunidades criadas pelas alterações climáticas. Também trabalhou no Natural Resource Defense Council do Climate Center em Washington, DC, e no Hydrogen Infrastructure Project para a Comissão de Energia da Califórnia enquanto se encontrava na TIAX, LLC, uma empresa de consultoria em tecnologia. Possui um bacharelato em Sistemas Terrestres (com ênfase em Tecnologia e Ciência Energética) e um mestrado em Engenharia Energética, ambos da Universidade de Stanford.